低空经济

如何改变生活、社会和产业

黄加翼——著

中国科学技术出版社
·北 京·

图书在版编目（CIP）数据

低空经济：如何改变生活、社会和产业 / 黄加翼著 . —北京：中国科学技术出版社，2025.5（2025.10 重印）.
ISBN 978-7-5236-1327-6

Ⅰ . F561.9

中国国家版本馆 CIP 数据核字第 2025E7L308 号

策划编辑	于楚辰　王秀艳	责任编辑	孙　楠
封面设计	仙境设计	版式设计	蚂蚁设计
责任校对	吕传新	责任印制	李晓霖

出　　版	中国科学技术出版社
发　　行	中国科学技术出版社有限公司
地　　址	北京市海淀区中关村南大街 16 号
邮　　编	100081
发行电话	010-62173865
传　　真	010-62173081
网　　址	http://www.cspbooks.com.cn

开　　本	710mm×1000mm 1/16
字　　数	233 千字
印　　张	17.5
版　　次	2025 年 5 月第 1 版
印　　次	2025 年 10 月第 2 次印刷
印　　刷	大厂回族自治县彩虹印刷有限公司
书　　号	ISBN 978-7-5236-1327-6/F・1365
定　　价	79.00 元

（凡购买本社图书，如有缺页、倒页、脱页者，本社销售中心负责调换）

前　言

在 21 世纪的今天，随着科技的飞速发展和全球化进程的加速，我们正站在一个新的经济变革门槛的前面。这个变革不仅局限于传统的地面经济领域，更向着广袤无垠的天空延伸。随着我国相关空域政策的逐步完善，以及航空技术、新能源技术、人工智能技术等新兴技术和产业的不断发展，低空作为一种未被充分使用的自然资源，未来或者说已经成为我们日常生活必不可少的资源。低空经济，作为依托低空资源和相关技术应运而生的新兴经济形态，正逐渐展现出无限的潜力和广阔的发展空间。

本书旨在全面系统地探讨低空经济的内涵、技术特点、产业应用、各细分领域的发展现状及未来趋势，而非仅局限于探讨低空经济技术或产业某一领域。我们将从低空经济的理论基础出发，深入剖析其内在的运行机制和外在的推动因素。同时，结合国内外低空经济发展的成功案例和先进经验，我们将为读者呈现一个丰富多彩、充满机遇的低空经济世界，以及未来无限可能的"低空天路"。

在撰写本书的过程中，我得到了众多专家学者的鼎力支持和宝贵建议，也参考了大量权威的研究资料和最新的行业数据。我们力求做到内容准确、观点鲜明、逻辑清晰，以期为读者提供一本具有前瞻性、实用性和可读性的低空经济著作。但是受限于相关资料的局限性，本书的内容可能存在一些遗漏或有待进一步完善的地方，希望读者能够帮忙指出，我将在后续的版本中不断完善。

我相信，低空经济的时代已经到来。在这个充满挑战与机遇的新时代里，希望本书作为一个指南针（我不希望用地图这个词，因为未来可期又充满未知，唯有手拿指南针才能不迷航），帮助你踏上探索低空经济奥秘的旅程。无论你是政府决策者、企业家、学者，还是普通的产业经济爱好者，或许都能从本书中找到适合自己的切入点，共同见证并参与这一伟大的产业变革。

让我们携手共进，以低空新质生产力助推祖国民航强国事业不断取得新的突破！

祝愿祖国繁荣富强！

目 录

第一篇
低空经济的崛起

第 1 章　低空经济概览 · 003

1.1　什么是低空经济 · 003
1.2　低空经济发展史 · 004
1.3　低空空域管理 · 011
1.4　低空经济为什么会崛起 · 015

第 2 章　低空经济全要素分析 · 020

2.1　上游产业 · 020
2.2　中游产业 · 023
2.3　下游产业 · 029

第 3 章　低空效益及发展分析 · 033

3.1　低空产业的经济及社会效益 · 033
3.2　我国发展低空经济 SWOT 分析 · 037

本篇参考文献 · 041

第二篇
服务保障体系

第 4 章　飞行服务保障体系 ··· 045
4.1　空中交通管理 ··· 045
4.2　低空飞行服务保障 ··· 053
4.3　UAM 空中交通管理 ·· 061

第 5 章　地面基础设施及配套教育培训 ··························· 067
5.1　飞行服务站 ··· 067
5.2　通用机场 ··· 072
5.3　垂直起降场 ··· 076
5.4　教育以及培训 ··· 081

第 6 章　航空器适航以及适航审定 ································ 088
6.1　什么是适航与适航审定 ··· 088
6.2　适航审定流程 ··· 090
6.3　eVTOL 适航认证进展 ·· 091

本篇参考文献 ··· 093

第三篇
低空经济产业应用

第 7 章　低空产业应用 ·· 097
7.1　低空运输 ··· 097

目 录

7.2　空中集群表演 ……………………………………………… 108
7.3　无人机测绘 …………………………………………………… 113

第 8 章　城市级产业应用 ……………………………………… 119

8.1　eVTOL 载人运输 …………………………………………… 119
8.2　城市低空物流末端配送 …………………………………… 128
8.3　研学以及兴趣培养 ………………………………………… 131

第 9 章　低空经济产业园 ……………………………………… 134

9.1　什么是低空经济产业园 …………………………………… 134
9.2　低空经济产业园对低空产业的促进作用 ………………… 135
9.3　国内低空经济产业园的发展现状 ………………………… 136
9.4　未来发展趋势 ……………………………………………… 138

本篇参考文献 ……………………………………………………… 140

第四篇
新技术驱动产业发展

第 10 章　材料及能源技术突破 ……………………………… 143

10.1　固态电池 …………………………………………………… 143
10.2　可持续航空燃料 …………………………………………… 146
10.3　氢燃料电池航空器 ………………………………………… 150
10.4　氢内燃航空器相较于传统燃油航空器的优势 …………… 156
10.5　离子推进技术 ……………………………………………… 161

003

第 11 章　信息技术突破 ·· 165

11.1　5G-A 通信技术 ·· 165
11.2　低轨卫星互联网技术 ·································· 169
11.3　无人机感知避障技术 ·································· 172
11.4　有人机与无人机的融合飞行 ······················· 175
11.5　人工智能技术在低空经济中的应用 ············ 179

第 12 章　航空飞行技术创新 ·································· 184

12.1　扑翼飞行模式 ·· 184
12.2　eSTOL 飞行器 ·· 187
12.3　单兵飞行器 ·· 191
12.4　无人飞艇 ·· 194

第 13 章　低空安全防范 ·· 203

13.1　低空安全防范发展历史 ······························· 203
13.2　无人机电子围栏 ·· 208
13.3　无人机反制 ·· 213

本篇参考文献 ·· 217

第五篇
部分地区低空经济观察

第 14 章　京津冀地区 ·· 221

14.1　京津冀地区低空产业发展现状 ···················· 221
14.2　京津冀地区低空产业发展趋势分析 ············ 224

第15章　西北地区 ·········· 226

15.1　我国西北地区低空产业发展现状 ·········· 226
15.2　西北地区发展低空产业的比较优势 ·········· 227
15.3　产业发展实际案例 ·········· 228

第16章　东北地区——以黑龙江为例 ·········· 230

16.1　黑龙江低空产业营商环境 ·········· 230
16.2　黑龙江低空产业发展现状 ·········· 232
16.3　黑龙江低空产业发展面临的问题与挑战 ·········· 233

第17章　华中地区——以湖南为例 ·········· 235

17.1　湖南低空经济产业发展现状 ·········· 235
17.2　未来发展趋势 ·········· 237
17.3　发展和政策建议 ·········· 238

第18章　华东地区 ·········· 239

18.1　华东地区发展低空经济的比较优势 ·········· 239
18.2　华东地区低空产业发展现状 ·········· 241
18.3　华东地区低空产业驱动因素 ·········· 242
18.4　华东地区低空产业链结构 ·········· 243
18.5　华东地区低空经济应用场景 ·········· 244
18.6　华东地区低空经济未来趋势 ·········· 245

第19章　华南地区 ·········· 247

19.1　政策环境优势 ·········· 247
19.2　产业基础优势 ·········· 248
19.3　科技创新优势 ·········· 248
19.4　地理位置优势 ·········· 249

19.5　市场需求优势 ·· 250
19.6　深圳地区低空经济产业发展观察 ······································ 250

本篇参考文献 ·· 256

后记 ·· 257

第一篇

低空经济的崛起

第1章 低空经济概览

1.1 什么是低空经济

低空经济是以低空空域为依托，以无人机、通用航空、电动垂直起降飞行器（eVTOL，又称飞行汽车）产业为主导，涉及低空飞行、航空旅游、支线客运、城市低空物流及载人运输等众多低空产业的经济概念[1]。要回答什么是低空经济，首先要弄清楚什么是低空空域，什么是低空产业，然后再弄懂什么是低空经济。

低空空域，是指真高（离地高度）1000米（含）以下的空域（根据地域特点和实际需要，低空空域的范围可延伸至不超过3000米）。这一区域在通用航空、无人机活动场景中占据核心地位，是国家重要的自然资源。

什么是低空产业？在深入探讨之前，我们需要先明确"产业"的定义。在经济学中，产业被视作经济社会中专注于物质生产的部门，每个部门均聚焦于特定产品的生产与制造，进而构成一个个相对独立的产业部门。简而言之，产业即指那些从事相似性质经济活动单位的集合体。本书所讨论的"低空产业"，则是特指那些依托低空空域这一自然资源，运用特定技术、生产手段或商业模式，来开展一系列具有相似经济活动的个体工商业及政府部门等单位的集合。低空产业横跨了第一、第二及第三产业，涵盖了诸如低空旅游业、低空运输业、低空培训服务业等多个细分领域。

那么，再来讨论什么是低空经济。目前在中国民用航空局（简称民航局）、全行业都没有对低空经济的权威定义，本书所指的低空经济是指所有从事低空产业相关经济活动的集合。低空经济除了上述低空产业提到的低空旅游业、低空运输业、低空培训服务业等产业，还包括服务于低空活动的空管、地面保障，以及低空航空器研发、咨询服务等所有与低空产业相关的活动。

1.2 低空经济发展史

1.2.1 欧美国家低空经济发展史

低空经济一词近年来逐步兴起，但人类对低空的探索、飞行器的研究早已出现。欧美国家作为近代航空技术发展的先驱，其低空经济的发展历程、政策支持、技术创新和市场应用等方面都具有显著的代表性。

欧美低空经济的萌芽与探索

（1）早期萌芽（18世纪末—20世纪初）

低空经济的萌芽可以追溯到18世纪末。1783年，法国的蒙特哥尔菲兄弟制作了一只可升空至地上23米的热气球，并在1783年9月19日在巴黎的凡尔赛宫前进行了表演，后来热气球迅速普及为观光活动的载具。这一时期的低空飞行主要依赖热气球等原始飞行器，虽然应用场景较为有限，但标志着人类对低空资源的初步探索和利用。

进入20世纪后，随着航空技术的发展，低空飞行活动逐渐增多。特别是在第一次世界大战和第二次世界大战期间，军用飞机的大量使用推动了航空技术的进步，为低空经济的后续发展奠定了技术、管理基础。

（2）技术突破与初步应用（20世纪初—20世纪80年代）

20世纪初期，随着航空技术的不断突破，低空飞行活动开始应用于民用领域。通用航空逐渐兴起，低空飞行被广泛应用于农业、地质勘探、运输等多个领域。然而，这一时期的低空经济仍处于起步阶段，技术和政策限制较多，市场规模相对较小。

直到20世纪80年代，无人机技术的初步应用为低空经济带来了新的发展机遇。无人机以其独特的灵活性和低成本优势，在测绘勘探、环境监测等领域逐渐崭露头角。尽管此时无人机的应用场景还相对有限，但其潜力已经开始受到关注。这一时期比较有代表性的无人机包括美国海军的先锋（The Pioneer）RQ-2A，其主要为军方完成侦察、监视并获取目标等各种任务。

欧美低空经济的规范化发展阶段

（1）法规与政策的逐步完善（20世纪90年代—21世纪初）

进入20世纪90年代后，随着低空飞行活动的增多和无人机技术的快速发展，欧美国家开始逐步完善相关法规和政策体系。美国联邦航空管理局（FAA）在1996年发布了第一部民用无人机规则，标志着无人机开始进入规范化发展阶段[2]。

进入21世纪后，欧美国家进一步加大了对低空经济的政策支持力度。美国通过设立"敏捷至上"计划等军民合作项目，推动eVTOL等新型航空器的研发和应用；欧盟则通过"地平线2020"（2014—2020年）和"欧洲地平线"（2021—2027年）等科研计划，支持低空经济相关技术的研发和创新。

（2）技术创新与市场拓展（21世纪初—2020年）

在这一阶段，欧美国家的低空经济领域取得了显著的技术创新和市场拓展成果。无人机技术不断成熟，应用场景不断拓展，从最初的测绘勘探、环境监测等领域逐步延伸到农业植保、物流配送、消防救援等多个领域。

同时，eVTOL等新型航空器的研发也取得了重要进展。欧美多家企业开始投入大量资源进行eVTOL的研发和测试工作，旨在通过垂直起降和电动化技术解决城市交通拥堵和环境污染等问题。这些新型航空器的出现为低空经济带来了新的增长点和发展机遇。

欧美低空经济的普及应用与商业化阶段

（1）商业化运营的初步尝试（2020年至今）

2020年，随着技术的不断成熟和政策的持续推动，欧美国家的低空经济开始进入普及应用和商业化阶段。多家企业开始推出商业化的低空飞行服务产品如空中出租车、无人机物流配送等，并逐步在城市中开展试点运营工作。

例如，美国的乔比航空（Joby Aviation）和阿彻尔航空（Archer Aviation）等企业已经成功完成了多次eVTOL飞行测试工作，并与多家航空公司和地方政府达成合作意向，共同推动空中出租车服务的商业化运营。同时，无人机物流配送也在欧美多个国家开始试点运营，这为电商和快递行业提供了新的配送方式。

（2）市场规模的快速增长

随着商业化运营的逐步推进和市场需求的不断增长，欧美国家的低空经济市场规模呈现出快速增长的趋势。据有关市场研究机构预测，未来几年内全球低空经济市场规模将以年均两位数的速度增长。

同时随着技术的不断进步和应用场景的不断拓展，低空经济的应用领域也将更加广泛。除了传统的农业植保、环境监测等领域，低空经济还将进一步拓展到城市载人运输、应急救援、空中物流等多个领域，为经济社会发展提供新的动力和支持。

1.2.2 我国低空经济发展史

虽然我国通用航空的发展相较于海外欧美等发达国家存在滞后，但随着中国经济的飞速发展及民航业基础设施建设的加快，特别是无人机产业的异军突起，近年来低空经济展现出了迅猛发展的强劲态势。国内低空经济的发展轨迹，可以清晰地划分为以下三个阶段：

早期阶段（2010年之前）

在2010年之前，民用低空活动主要是通用航空产业，技术和政策的限制使得低空飞行活动相对有限。无人机技术及产品在民用领域的使用尚未成熟，市场应用也相对有限。

这一时期，中国民航低空空域管理改革被首次列入国家空管委工作计划，明确低空空域管理改革总体设想和主要任务，并在小范围内进行试点。2008年，国家空管委在长春、广州和海口飞行管制分区开展低空空域管理改革试点，标志着我国低空空域管理改革的初步探索。一些企业和科研机构也开始在这一领域进行技术积累和初步探索，为后续发展奠定了基础。

概念提出与探索阶段（2010—2020年）[3]

2010年8月，国务院、中央军委印发了《关于深化我国低空空域管理改革的意见》（国发〔2010〕25号），明确提出通过试点、推广、深化三个步骤，逐步形成一整套既有中国特色又符合空域管理规律的组织模式、制度安排和运作方式。这一文件的出台，正式拉开了我国低空空域管理试点改革的序幕。

（1）第一轮试点改革（2010—2014年）：突出空域分类化管理

主要举措：

- 空域分类划设：军航空管系统率先在试点地区将低空空域由原来的全部为管制空域，改为管制、监视、报告三类空域。这一举措旨在提高低空空域的使用效率，满足不同通航活动的需求。
- 审批流程优化：按照审批和报备两种方式实行分类管理，简化通航飞行审批流程。在管制空域，通航飞行审批时间缩短为飞行前4小时；在监视空域和报告空域，飞行报备时间最短只需提前半小时。
- 试点范围扩大：试点在全国14个省、自治区、直辖市相关地区同时进行，占全国空域的33%。共划设管制、监视、报告3类空域254个，低空目视航线12条。

主要成果：

形成了低空空域分类管理的初步模式，为后续改革奠定了基础。通航飞行审批时间大幅缩短，极大地方便了通航用户，促进了通航活动的发展。试点范围广泛，改革成效显著，为后续全国推广积累了宝贵经验。

（2）第二轮试点改革（2015—2018年）：突出空域精细化管理

主要举措：

- 优化审批制度：在首轮分类管理试点的基础上，进一步优化空域审批制度，提高审批效率。
- 动态灵活使用：推动空域资源的动态灵活使用，根据通航活动的实际需求调整空域划设。
- 建立服务保障示范：在珠三角和海南地区展开空域精细化管理改革试点，建立低空空管服务保障示范，提升服务保障水平。
- 加强安全管控：加强"低慢小"航空器的安全管控，确保低空飞行活动的安全有序进行。

主要成果：

海南省成为全国首个完成低空空管服务保障体系建设的地区，共划设三类低空空域23个，低空目视飞行航线3条，初步构建起海南全省的低空飞行网络。从2020年12月起，海南低空空域实行"当天申报当天起飞"管理制度，极大地方便了通航用户。

改革试点中，动态灵活使用空域资源和加强安全管控的举措取得了显著成效，为通航活动提供了更加便捷和安全的服务保障。

（3）第三轮试点改革（2018—2023年）：突出空域协同化管理

主要举措：

- 成立协同管理机构：四川省在全国率先成立了由省政府牵头、军民航空管系统和地方公安部门共同参加的"四川省低空空域协同管理委员会"，实现军地民三方协同管理。
- 简化审批流程：将原低空空域由军民航分块管理转变为军地民三方协同管理，将低空飞行由管制指挥模式转变为目视自主飞行模式；简化审批流程，将任务、空域、飞行计划3个申请环节简化为飞行计划报备1个环节。
- 推广试点经验：湖南、江西、安徽三省参照四川模式，均成立了由省政府牵头组成的军地民三方低空域协同管理机构和运行管理中心，实现了飞行计划"一站式"审批服务。

主要成果：

四川省的协同管理模式取得了显著成效，盘活了低空空域资源，简化了审批流程，为通航活动提供了更加便捷的服务。湖南、江西、安徽等省的试点拓展工作稳步推进，形成了各具特色的低空域协同管理模式和服务体系。第三轮试点改革进一步深化了低空空域管理改革成果，为在全国范围内推广协同化管理模式积累了宝贵经验。

我国三轮低空空域管理试点改革在空域分类化、精细化、协同化管理方面取得了显著成效，为通航活动的发展提供了有力支持。在这一阶段，无人机技术也取得了显著突破。随着无人机技术的不断提升和成本的降低，商业化的无人机开始逐渐进入市场。无人机在航拍、农业植保、环境监测等领域的应用逐渐兴起，为低空经济的发展注入了新的活力。

政策推动与快速发展阶段（2023年至今）

第三轮低空空域管理试点改革后，我国低空空域管理进入了一个新阶段。在这一阶段中，行业主管单位以及地方各部门持续优化协同管理机制、完善服务保障体系、推进法规标准建设、加强技术创新与应用以及促进低空经济发展等方面的其他工作。通过这些措施的实施和推进，进一步提升了我国低空空域管理的水平和能力，为通用航空事业的发展提供更加有力的支持和保障。这一阶段的工作内容和特点主要体现在以下几个方面：

- 持续优化协同管理机制：各地继续优化军地民三方协同管理机制，加强沟通协调，确保低空空域资源的共享和高效利用。

- 完善服务保障体系：各地加强飞行服务站、低空监视网络、通信导航设施等建设，提升服务保障能力。同时，推动服务保障体系的智能化、信息化发展，提高服务效率和质量。

- 推进法规标准建设：行业主管单位以及各地持续加快相关法规标准以及地方性扶持政策的制定和完善工作，为低空空域管理提供坚实的制度保障。例如，民航局于2023年12月发布的《国家空域基础分类方法》，将空域划分为A、B、C、D、E、G、W等7类，将空域的飞行活动分为审批、报备两大类，对于规范空域划设和管理有积极的作用。

- 技术创新与应用：各地以及相关企业积极探索新技术在低空空域管理中的应用，如人工智能、5G-A（5G-Advanced）等技术的应用。通过技术创新和探索，提高低空空域管理的智能化水平和管理效率。

- 推进低空经济发展：各地一方面出台相关配套扶持政策、专项激励基金，鼓励和支持低空制造及服务业企业开展航空器制造、旅游、短途运输、应急救援等业务活动；另一方面各地政府也与相关企业在不断摸索，拓展低空经济应用场景，推动低空经济成为新的地区经济新的增长点。

1.3 低空空域管理

低空空域，作为空域资源的关键组成部分，构成了低空经济的重要基石。那么，低空空域的划分原则是什么？其使用高度有哪些独特特性？以及，针对低空空域的管理机制是如何运作的呢？

1.3.1 空域划分

根据《国家空域基础分类方法》中的相关规定，对 A、B、C、D、E、G、W 等 7 类空域的高度范围归纳如下（表1.1，图1.1）：

表1.1　7 类空域划分

A 类空域	标准气压高度 6000 米（含）以上至标准气压高度 20000 米（含）
B 类空域	● 民用三跑道（含）以上机场：跑道道面—机场标高 900 米（含）、机场标高 900 米—机场标高 1800 米（含）、机场标高 1800 米—标准气压高度 6000 米 ● 民用双跑道机场：跑道道面—机场标高 600 米（含）、机场标高 600 米—机场标高 3600 米（含），顶层最高至 A 类空域下限 ● 民用单跑道机场：跑道道面—机场标高 600 米（含）
C 类空域	通常与 B 类空域相连，但具体高度范围因机场和管制需求而异，未给出明确的高度上限，但通常不超过标准气压高度 6000 米
D 类空域	标准气压高度高于 20000 米
E 类空域	未具体给出高度范围，但根据定义和服务内容，其高度可能涵盖从地面到高空的各种高度，特别是为仪表飞行提供服务的部分
G 类空域	B、C 类空域以外真高 300 米以下空域（W 类空域除外）；平均海平面高度低于 6000 米、对民航公共运输飞行无影响的空域
W 类空域	G 类空域内真高 120 米以下的部分空域

注：以上的 G、W 类为非管制空域（常说的低空空域一般包含这两类空域）。

1.3.2 空域使用

空域的使用涉及多种不同类型的飞行器和航天器，它们根据各自独特的环境特点与功能需求，在不同的高度和空域范围内活动。从低空的风筝、

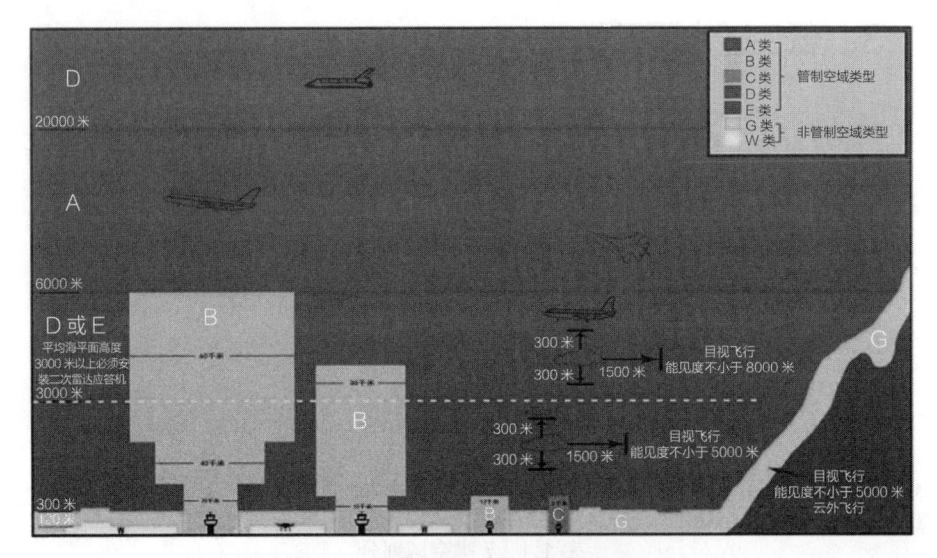

图 1.1　国家空域基础分类示意图[4]

无人机到高空的民航运输飞机和战斗机,再到太空中的航天器、火箭和导弹,以及特殊飞行器如亚轨道太空船,它们各自在特定的空域内发挥着不同的作用。这些飞行器和航天器不仅飞行高度各异,而且根据其特性和任务,可能运行在不同的空域分类中,从低空的 W 类到太空中的 D 类及以上空域。因此,空域的使用是一个复杂而多样化的系统,需要综合考虑各种因素,以确保飞行安全和空域的有效利用。

第一类有航空器/飞行器,其包含的种类有:风筝、无人机、eVTOL、直升机、通用航空飞行器、滑翔机、民航运输客机、战斗机。

- 风筝:一般飞行在 20~100 米之间(W 类)。
- 无人机:飞行高度通常限制在 300 米以下,但在某些特殊情况下,如航拍或科研任务,可能达到更高(W、G 类)。
- eVTOL:飞行高度通常限制在 300 米以下(W、G 类)。
- 直升机:平均飞行高度为 6000 米左右,但某些型号如法国 SA-3158 型"美洲驼"直升机,创造了飞行高度 1.2442 万米的世界纪录(G、

C、B类）。

- 通用航空飞行器（包含滑翔机）：一般在1500米至4000米飞行，轻型运动型飞机、农业播散飞机一般在1千米以下飞行（G、C、B、E类）。
- 民航运输客机（例如波音747）：一般巡航高度在1.3万米左右，但在某些长途航线上可能达到更高（A类）。
- 战斗机：一般在9千米至1.5万米之间，某些型号如美国F-22能爬升至2万米（A、D类）。

第二类是航天器，其包含的种类有：人造卫星、太空飞船、导弹、火箭等。

人造地球卫星：根据任务不同，飞行高度差异很大。例如，中国空间站运行在380千米至400千米的高度，而GPS（实时定位系统）卫星则运行在20180千米的高度。

载人飞船：如国际空间站，运行在约422千米的高度。

运行空域：航天器主要在太空飞行，不受地球表面的空域分类限制，其运行高度一般在D类空域以上。

第三类是火箭和导弹，其种类包括：弹道导弹、深空火箭、亚轨道空间火箭等。

运行空域：一般在D类空域以上。

导弹及火箭根据类型和任务，飞行高度差异很大。洲际弹道导弹的飞行高度可达1200千米以上。亚轨道空间火箭，如蓝色起源（新谢泼德号）火箭，其飞行高度可达100千米，在亚轨道空间运行。

最后一类是特殊飞行器，例如维珍太空船公司团结号，作为一种亚轨道太空船，其飞行高度可达86千米。特殊飞行器根据其特性和任务，可能运行在B、C类空域，也可能超出地球表面的空域分类，进入亚轨道或轨道空间。

1.3.3 低空空域分类

根据《关于深化我国低空空域管理改革的意见》，低空空域被划分为管制空域、监视空域和报告空域三类。总体上，在管制空域，航空用户申请飞行计划，空管部门掌握飞行动态、实施管制指挥；在监视空域，航空用户报备飞行计划，空管部门监视飞行动态、提供飞行情报和告警服务；在报告空域，航空用户报备飞行计划，向空管部门通告起飞和降落时刻，自行组织实施，空管部门根据用户需要，提供航行情报服务。具体三类空域的划设范围如下。[5]

管制空域

管制空域通常划设在飞行比较繁忙的地区，如机场起降地带、空中禁区、危险区、限制区、地面重要目标、国（边）境地带等区域的上空。此空域内的一切活动必须经过飞行管制部门的批准，并接受严格飞行管制。管制空域的主要特点是空域使用活动受到严格的管理和控制，以确保飞行安全。在管制空域，空中交通管理部门为飞行活动提供空中交通管理服务、飞行情报服务、航空气象服务、航空情报服务和告警服务。

管制空域的设置和管理对于维护国家安全和公共秩序具有重要意义。在管制空域内，所有飞行活动都必须遵循严格的飞行规则和程序，以确保空域的有序使用和飞行安全。同时，管制部门通过先进的通信、导航、监视等技术手段，对空域内的飞行活动进行实时监控和指挥，确保飞行活动的顺利进行。

监视空域

监视空域通常划设在管制空域周围。与管制空域相比，监视空域内的飞行活动相对自由一些，但也需要接受飞行管制部门的监视和管理。在监视空域内，空域用户需要向飞行管制部门报备飞行计划。空中交通管理部门则负责严密监视空域使用情况,并提供飞行情报服务和告警服务。

监视空域的设置旨在平衡飞行自由与飞行安全之间的关系:一方面,它允许空域用户在报备飞行计划后自行组织实施飞行活动,这提高了运营效率;另一方面,通过飞行管制部门的严密监视和告警服务,确保飞行活动的安全进行。这种管理方式既满足了通用航空的发展需求,又保障了国家安全和公共秩序的有序运行。

报告空域

报告空域通常划设在远离管制空域和监视空域的上空。在报告空域内,空域用户同样需要向飞行管制部门报备飞行计划。与监视空域不同的是,报告空域内的飞行活动更加自由,管制部门主要根据用户需要提供航行情报服务,而不进行实时监视和告警。

报告空域的设置主要是为了促进低空经济的发展,满足社会公众对低空飞行的需求。在报告空域内,空域用户可以更加灵活地组织飞行活动,降低了飞行成本和时间成本。同时,通过提供航行情报服务,管制部门也保障了飞行活动的顺利进行和飞行安全。

1.4 低空经济为什么会崛起

目前,低空经济在国内呈现快速发展的态势,这一发展态势,综合来看,离不开低空空域及相关政策进一步优化和完善、低空飞行器相关技术进步、基础设施逐步完善以及低空产业应用场景持续拓展的结果。

1.4.1 低空政策持续优化

政策导向的明确与加强

近年来,随着国家对战略性新兴产业的重视,低空经济逐渐成为政策扶持的重点对象。中央经济工作会议和政府工作报告多次强调要打造低空经济等若干战略性新兴产业，这不仅为低空经济的发展指明了方向，也为其注入了强大的政策动力。各地政府积极响应中央号召，纷纷将低空经济发展纳入政府工作报告，并出台了一系列具体措施和优惠政策，为低空经济的快速崛起提供了有力保障。

空域管理改革逐步深入

低空空域的逐步开放是低空经济发展的前提条件。过去，由于空域管理严格、审批流程烦琐，低空飞行活动受到较大限制。然而，随着低空空域政策的逐步改革，越来越多的低空空域被划定为报告区域，为低空飞行活动提供了更加广阔和自由的飞行空间。例如，国家空管委制定的《国家空域基础分类方法》为 eVTOL 等通用航空划定了合法的低空空域 G 空域和 W 空域，这一举措不仅为低空经济的发展提供了法规支持，也为相关产业的发展提供了更加明确的指导方向。

配套法律法规体系的完善

为了保障低空飞行的安全有序，国家层面相继制定了一系列法律法规，如《无人驾驶航空器飞行管理暂行条例》等。这些法律法规的出台，不仅规范了低空飞行器的飞行管理，也促进了低空经济的规范化发展。同时，各地政府也根据本地实际情况，制定了一系列地方性法规和政策文件，为本地低空经济的发展提供了更加具体、可操作的指导。

1.4.2　飞行器技术进步

技术突破与性能提升

低空飞行器的技术突破是低空经济迅猛发展的重要支撑。近年来，国内外在低空飞行器领域取得了显著进展，特别是在无人驾驶航空器、电动垂直起降飞行器等领域。这些飞行器在载重、航程、安全等方面的性能不断提升，为低空经济的应用场景拓展提供了有力支撑。例如，国内企业亿航智能取得了全球首张 eVTOL 型号合格证，标志着国内低空飞行器技术达到了国际先进水平。

产业链国产化与成本降低

随着国内航空制造业与新能源汽车行业的快速发展，低空飞行器的产业链国产化水平不断提高。这不仅降低了生产成本，也提升了市场竞争力。目前，国内低空飞行器产业链已实现高度国产化，且生产制造成本逐步降低。这一趋势将进一步推动低空经济的规模化、产业化发展。

适航取证与商业化进程加速

适航取证是低空飞行器商业化运营的关键环节。近年来，国内在适航取证方面取得了显著进展，部分低空飞行器已经通过型号合格审定。随着适航取证进程的加速，越来越多的低空飞行器将进入市场，为低空经济的广泛应用提供更多选择。同时，这也将促进低空飞行器的技术创新和性能提升，形成良性循环。

1.4.3 基础设施逐步完善

地面保障基础设施的建设

低空基础设施的完善是低空经济发展的重要保障。地面保障基础设施包括通用机场、垂直起降场地、停机库、中转站、维修场站等。这些设施的建设和完善将显著提升低空飞行服务保障能力，为低空经济的广泛应用提供坚实支撑。近年来，各地政府加大投入力度，加快建设低空交通基础设施。例如，安徽省于 2024 年 3 月份公布的《加快培育发展低空经济实施方案（2024—2027 年）及若干措施（征求意见稿）》显示，安徽省计划在 2025 年建设 10 个通用机场和 150 个临时起降场地、起降点；到 2027 年，这一数字将分别增长至 20 个和 500 个。

低空新型基础设施的布局

除了地面保障基础设施外，低空新型基础设施的建设也是低空经济发展的重要方向。这些新型基础设施包括空联网、航路网、服务网等。它们通过数字化、智能化手段提升低空飞行服务的效率和安全性。例如：空联网可以实现低空感知与通信等功能；航路网则包含空域航路、3D数字地图等信息资源；服务网则提供低空飞行服务与监管等功能。这些新型基础设施的布局将进一步完善低空飞行服务体系，为低空经济的广泛应用提供更加强有力的支撑。

跨区域协同与资源共享

低空经济的发展需要跨区域协同与资源共享。近年来，各地政府积极推动低空空域协同管理合作备忘录的签署和实施工作。例如，重庆和四川签署了协作推进低空空域协同管理合作备忘录，将推动周边地区加入形成跨省低空飞行联盟实现跨省低空飞行常态化。这种跨区域协同与资源共享的模式将进一步提升低空飞行服务的效率和覆盖范围，为低空经济的广泛应用创造更加有利的条件。

1.4.4 低空产业应用场景拓展

多元化应用场景的开发

低空经济的融合发展体现在航空器与各种产业形态的融合和应用场景的持续开拓上。随着低空飞行技术的不断进步和基础设施的逐步完善，低空产业的应用场景日益丰富。目前，低空产业已经广泛应用于旅游、物流、应急救援等领域，并展现出巨大的市场潜力。例如：低空旅游通过直升机、无人机等飞行器提供独特的观光体验；低空物流通过无人机等飞行器实现快速、高效的物流配送；应急救援通过直升机等飞行器提供及时的救援支持。未来随着技术的不断进步和应用场景的不断拓展，低空产业的应用领域还将进一步拓宽。

商业模式创新与市场拓展

商业模式创新是推动低空经济发展的重要动力之一。近年来国内企业在低空经济领域积极探索新的商业模式并取得显著成效。例如一些企业利用无人机技术开展农业植保、环境监测等业务；还有一些企业则通过搭建低空飞行服务平台整合各类资源为用户提供一站式低空飞行解决方案。这些商业模式的创新不仅丰富了低空经济的内涵，也拓展了其市场边界，为低空经济的快速发展提供了有力支撑。

市场需求驱动与产业升级

市场需求是推动低空经济持续发展的根本动力之一。随着经济社会的发展和人民生活水平的提高，人们对低空飞行的需求不断增加。这种需求不仅体现在旅游观光、物流配送等传统领域，也体现在应急救援、环境监测、农业生产等新兴领域。为了满足这些需求，低空经济领域的企业不断加大技术创新和产品研发投入，推动产业升级和转型。同时各地方政府也积极通过出台一系列优惠政策和支持措施，鼓励企业加大投入力度，推动低空产业的快速发展。

低空经济的迅猛发展得益于低空政策持续完善、飞行器技术进步、基础设施的逐步完善以及产业应用广泛拓展这四个核心要素的协同作用，产业应用的持续拓展也折射出市场对于低空产业需求的旺盛[6]。这四个要素相互依存、相互促进，共同构成了低空经济发展态势的内在逻辑和动力源泉。展望未来，随着技术的不断进步、政策的持续完善，低空经济有望继续保持快速发展势头，为我国经济社会的全面发展注入新的活力和动力。

第 2 章 低空经济全要素分析

对低空经济的全要素分析方法目前流行的有两类，一类是采用全产业链分析模式，另一类是业务板块分析方法。

产业链分析是一种战略分析工具，它关注于从原材料生产到向最终消费者提供产品或服务的过程中创造价值的所有重要活动，这些活动构成了一个有逻辑次序的活动链。对低空经济进行全产业链的分析方法可以帮助分析者快速理顺低空经济从原材料生产、核心零部件制造，到航空器组装加工、航空运营服务等产业链的各环节要素。这种分析方法的不足之处是，由于低空经济除了生产制造加工、运营服务，还涉及空中交通管理的信息流转、各部门间的协调，产业链分析方法很难多维度对业务流程进行分析。因此在本章节主要采用了低空经济产业链分析方法对低空经济的上、中、下游产业进行详细阐述，以期为读者构建低空全产业链的知识模型，在第二章中，我们主要采用分业务板块的分析方法，对相关配套业务流进行深入阐述。

2.1 上游产业

原材料、配套元器件等生产及供应是低空经济上游产业的重要组成部分，直接关系到航空器、低空产业配套产品的质量和成本。低空经济所需的原材料种类繁多，低空飞行器主要包括新型材料、电子元器件、电池等。

新型材料：如碳纤维、钛合金等，这些材料具有重量轻、强度高的特点，是制造航空器结构部件的理想选择。它们的应用不仅减轻了航空器的重量，提高了飞行效率，还增强了航空器的结构强度和耐久性。

电子元器件：包括传感器、控制器、通信模块等，这些元器件是航空器实现自动化、智能化飞行的关键。随着5G、物联网等技术的不断发展，电子元器件在低空导航、监视等细分领域的应用越来越广泛，对航空器的性能提升起到了重要作用。

电池：对于无人机、eVTOL等新兴航空器而言，电池是核心动力来源。电池的能量密度、充放电效率、循环寿命等性能指标直接影响着航空器的续航里程和使用寿命。因此，高性能电池的研发和生产是低空经济上游产业的重要方向。

新型材料在低空航空器中的应用

无人机作为低空经济的重要组成部分，其制造和应用对材料的要求极高。碳纤维复合材料的轻质、高强度特性使得无人机能够减轻重量、提高飞行效率。eVTOL作为未来城市空中交通的可选出行方式，其制造过程对材料加工工艺同样要求很高。碳纤维复合材料在eVTOL结构部件和推进系统等方面的应用非常广泛，这种轻量化设计不仅提高了eVTOL的飞行性能和使用寿命，还降低了生产成本和维护成本。

航空原材料生产制造业国内市场规模

随着国家经济的持续发展和对航空运输需求的不断增加，我国航空材料制造业迎来了广阔的发展空间。据中商产业研究院数据显示[7]，中国航空材料分销市场在2016年至2019年期间保持逐年稳定增长，复合增长率达到8.42%。尽管受新冠疫情影响，市场规模有所下滑，但随着疫情结束，预计未来几年将呈现回升态势。特别是低空经济领域，随着无人机、eVTOL等新兴业态的快速发展，对航空材料的需求将进一步增长。

产业未来的发展趋势

（1）技术创新引领产业升级

未来，技术创新将继续引领低空经济上游产业的升级。随着新材料、新能源、智能制造等技术的不断发展，上游产业将不断推出更加先进、可靠性更高的材料和工艺。例如，高性能复合材料、纳米材料等新型材料的应用将进一步提高航空器的适航性能；在能源方面，电动航空器的兴起将推动电池技术的不断创新（如固态电池技术）；在智能制造方面，物联网、3D打印、AI技术的应用将推动航空器原材料的生产制造向更高效、更精准的方向发展。

（2）产业链整合加速

随着低空经济的不断发展，产业链各环节之间的整合也将加速。上游产业与制造环节、运营服务环节之间的协同整合将更加紧密，形成更加完善的产业链体系。例如，一些原材料、核心器件制造商利用自身的优势纷纷布局低空产业，向下游航空器整机研发、制造、组装等细分市场拓展。这种整合不仅有助于提高整个产业链的效率和竞争力，还将推动低空经济向更高质量、更高效益的方向发展。

（3）绿色低碳成为重要方向

随着全球对绿色低碳发展的重视，原材料产业也将向绿色低碳方向转型。例如：在能源方面，电动航空器的兴起将推动电池技术的不断创新和应用；在材料方面，高性能复合材料等环保材料的应用将减少对传统材料的依赖。这些措施将有助于降低低空经济对环境的影响，推动其向更加可持续的方向发展。

2.2 中游产业

2.2.1 航空器制造业

航空制造业是低空经济的基石，涵盖了从设计、关键核心部件制造到整机组装的全过程。随着科技的不断进步和市场的日益扩大，航空装备制造业已成为一个国家工业实力的重要标志。在中国，航空制造业经历了从无到有、从小到大的发展历程，现已形成较为完整的产业体系。

中国航空制造业起步较晚，但发展迅速。从最初的仿制苏联飞机到后来的自主研发，中国航空制造业走过了一条艰难而曲折的道路。进入21世纪，随着国家经济的腾飞和科技实力的增强，中国航空制造业迎来了快速发展的黄金时期。如今，中国已能够生产多种型号的民用、军用、通用飞机以及航空发动机等关键部件，成为全球航空制造业的重要力量。

产业现状

目前，中国航空制造业已形成以国有大型企业为主导，民营企业积极参与的产业格局。其中，中国航空工业集团有限公司（简称航空工业）是国内最大的航空制造企业，旗下拥有多家上市公司和科研院所，具备较强的研发和生产能力。此外，还有一些民营企业，如美团、京东等，也在积极布局航空制造业，为产业发展注入了新的活力。

在传统产品线方面，中国航空制造业已涵盖民用飞机、军用飞机、直升机、无人机等多个领域。其中，民用飞机领域以C919大型客机和ARJ21支线客机为代表，军用飞机领域则以歼-20、运-20等为代表，在民航通用飞机领域，有"鲲龙"AG600M、"领雁"AG50等。这些产品的成功研制和生产，标志着中国航空制造业已具备较高的技术水平和市场竞争力。

核心部件的自主研发能力

航空制造业是一个技术密集型产业，对技术研发和创新的要求极高。在这方面，中国航空制造业取得了一系列显著成果。例如，在航空发动机领域，中国已成功研制出多款涡扇（涡扇20）、涡轴（涡轴16）、涡桨（AEP500）等类型的发动机，打破了国外的技术封锁和市场垄断。在航空电子领域，中国也取得了重要突破，如飞行控制系统、导航系统、通信系统等关键技术的自主研发和应用。

国内外市场竞争态势

在全球范围内，航空制造业是一个高度竞争的市场。中国航空制造业在国际市场上面临着来自美国、欧洲等国家及地区的激烈竞争。这些国家及地区拥有先进的航空制造技术和丰富的市场经验，无形之中对中国航空制造业形成了较大压力。当然，随着中国技术的不断进步和市场开拓能力的增强，中国航空制造业在国际市场上的竞争力也在不断提升。特别是在一些细分市场和新兴领域，如无人机、支线客机、eVTOL、无人飞艇等领域，中国航空制造业已显示出较强的竞争优势。

在国内市场上，中国航空制造业企业同样竞争激烈。一方面，国内市场需求巨大且需求多样化，为各类航空制造企业提供了广阔的发展空间；另一方面，随着民营企业的不断涌入和外资企业的加速布局，国内市场竞争也日趋激烈。这种竞争态势既促进了产业内企业的优胜劣汰和技术创新，也推动了整个产业的快速发展和升级。

面临的挑战与发展机遇

尽管中国航空制造业取得了显著成就，但仍面临着一系列挑战。首先，与国际先进水平相比，中国在部分关键技术和高端装备方面仍存在差距；其次，国内市场竞争激烈且需求多样化对产品质量和服务水平提出了更高要求；最后，国际贸易摩擦和地缘政治风险也可能对产业发展带来不利影响。

在低空制造领域，中国与欧美发达国家，在以下关键技术和高端装备方面存在差距：

航空发动机及相关技术：对于低空飞行器，尤其是通用航空器和无人机，发动机和螺旋桨的性能至关重要。欧美国家在小型、高效、低噪声和低排放的航空发动机设计制造方面有着显著优势。同时，他们的复合材料螺旋桨技术也更加成熟。

航电系统和飞行控制技术：航电系统负责飞行器的导航、通信和飞行控制，是低空飞行的安全保障。欧美国家在航电系统和飞行控制算法方面拥有更多经验和技术储备，尤其是在自动驾驶和避障技术方面。

低空飞行器的设计与制造技术：在低空飞行器的整体设计和制造工艺方面，欧美国家积累了丰富的经验，能够生产出性能优异、安全可靠的产品。而中国在这方面的自主研发能力相对较弱，部分高端低空飞行器仍需依赖进口。

高端装备制造：与航空制造业相似，低空制造领域同样需要高精度、高效率的高端装备，如数控机床、3D打印设备等。欧美国家在这些设备的研发和生产方面具有优势，而中国在部分关键技术和设备上仍需进口。

需要强调的是，尽管中国在上述方面与欧美存在差距，但中国低空制造领域的发展速度已非常快，已经在部分领域取得了显著进展。随着技术的不断进步和市场的日益扩大，中国有望在未来缩小与欧美的差距，甚至在某些领域实现领先。

在挑战的背后也蕴藏着巨大的发展机遇

一方面，随着全球航空市场的不断扩大和民用飞机需求的持续增长，尤其是未来城市低空交通出行（UAM）成为可能（例如，eVTOL"盛世龙"从深圳蛇口邮轮母港起飞，经过约20分钟的飞行，降落在珠海九洲港码头），中国航空制造业有望迎来更加广阔的市场空间。

另一方面，新一轮科技革命和产业变革为航空制造业提供了新的发展契机和动力源泉，例如：无人机、无人飞艇、eVTOL等新技术新业态，中国在这一领域有独特的产业优势，为后续弯道超车提供了基础；最后，国家政策支持和产业协同创新也将为产业发展提供有力保障和支撑。

中国航空制造业在低空经济全产业链中扮演着举足轻重的角色。未来，随着技术的不断进步和市场的日益扩大，中国航空制造业有望实现更高水平的发展并带动整个低空经济的繁荣与壮大。

2.2.2 配套设备制造

除了航空器制造，低空经济中游产业还包括低空经济配套设备及产品的研发、生产及制造。这些设备和产品包括通信、监视、导航等设备，它们为低空飞行活动提供了必要的服务保障。低空通信设备是保障低空飞行活动顺利进行的重要基础设施。随着低空领域的逐步开放和飞行活动的日益增多，对低空通信设备及相关飞行服务保障的需求也越来越大。这些设备包括无线电台、卫星通信设备、地面飞行服务站配套设备等，它们为低空飞行器提供了可靠的通信保障。低空监视设备主要用于对低空飞行活动进行实时监控和跟踪。这些设备包括雷达、ADS-B[1]系统等，它们能够及时发现并处理低空飞行中的异常情况，确保飞行安全。低空导航设备为低空飞行器提供精准的导航服务。这些设备包括GPS、北斗导航仪、惯性导航系统、地形匹配系统等，它们能够帮助飞行员准确掌握飞行器的位置、速度和姿态等信息，确保飞行安全。

---

[1] ADS-B：Automatic Dependent Surveillance-Broadcast，广播式自动相关监视系统，由多地面站和机载站构成，以网状、多点对多点方式完成数据双向通信。——编者注

2.2.3　配套基础设施建设

地面基础设施是低空经济活动的关键载体，为各类低空飞行器的起降、维护、运营等提供必要的支撑条件。这些基础设施包括通用机场、无人机起降点、空管系统等。

通用机场

通用机场是低空经济活动的重要基础设施之一，主要用于通用航空器的起降和停放。随着低空经济的不断发展，通用机场的数量和布局将得到进一步优化和完善：一方面，需要增加通用机场的数量以满足日益增长的飞行需求；另一方面，需要提高通用机场的硬件水平和服务质量以提升飞行器的运营效率和安全性。同时，还需要加强通用机场与周边交通网络的衔接和融合，以形成更加便捷、高效的低空交通网络。

起降场/起降点

无人机、eVTOL等作为未来低空经济的重要组成部分之一，其起降点的建设也至关重要。无人机起降点需要具备安全、便捷、高效等特点，以满足无人机的起降需求。随着无人机技术的不断发展和应用领域的不断拓展，无人机起降点的数量和布局也将得到进一步优化和完善。例如在城市中心区域、物流园区等关键节点建设无人机起降点，将为物流配送、应急救援等领域提供更加高效便捷的服务支持。eVTOL、直升机类型的航空器所需的起降场/起降点可以看作是无人机起降点的升级版本，其建设的完善程度也是决定未来这些航空器发展的重要决定因素。

空中交通管理硬件设施

空中交通管理配套硬件设施是保障低空飞行安全的重要基础设施之一。随着低空空域的逐步开放和飞行活动的日益增多，对空管配套系统设施的建设要求也越来越高。一方面，由于低空飞行相较公共航空运输飞行较难进行定位、监视，所以需要建设足以覆盖全区的空管配套基础设施来支撑低空飞行服务保障；另一方面，在未来城市空中交通管理领域，无人机飞行密度可能将远高于传统公共航空，需要建设通信效率及通信质量更高的配套设施，辅之以自动化的空中交通管理算法和规划以满足密集通信的需求。

2.2.4 低空飞行服务保障与综合服务

低空保障与综合服务是低空经济中游产业的另一个重要组成部分。这些服务包括飞行审批、空域备案、飞行保障、维修服务等，它们为低空飞行活动提供了全方位的保障和支持。

飞行审批与空域备案

国务院中央军委下发的《关于深化我国低空空域管理改革的意见》(国发〔2010〕25号)将低空空域划分为管制、报告和监视三类空域。其中，在低空报告和监视空域的通用航空飞行活动实行备案管理，并接受飞行服务；在低空管制空域中的通用航空飞行活动按照现行体制实行飞行计划审批，接受管制服务。[8]

飞行保障服务

飞行保障服务包括气象服务、航行情报服务、紧急救援服务等多个方面。气象服务为飞行员提供实时的气象信息以确保飞行安全；航行情报服务为飞行员提供航线规划、导航信息等服务以支持飞行任务的顺利完成；紧急救援服务则在飞行器遇到紧急情况时为飞行员提供及时的救援和支持。

维修服务

维修服务是保障低空飞行器具备持续适航能力的重要环节。随着低空飞行器的广泛应用和使用时间及频次的提升，低空飞行器对维修服务的需求也将不断增加。维修服务包括定期检修、故障排除、零部件更换等多个方面，它们能够确保低空飞行器的良好状态和性能表现。

2.3 下游产业

2.3.1 航空消费领域

航空消费领域是低空经济下游产业的重要组成部分，主要包括飞行培训、空中游览、私人飞行、航空运动、娱乐飞行等多种消费场景。随着人们生活水平的提高和消费观念的转变，越来越多的人开始追求新颖的航空消费体验。

飞行培训

飞行培训是航空消费领域的基础环节，为想要学习飞行技能的个人或团体提供专业的教学服务。随着低空领域的逐步开放和低空经济的快速发展，飞行培训市场呈现出蓬勃发展的态势。飞行培训机构不仅能够提供基础的飞行技能训练，还结合市场需求推出各种特色课程，如私人飞行执照培训、商业飞行执照培训等，以满足不同学员的需求。

空中游览

空中游览是低空经济中最具吸引力和市场潜力的消费项目之一。通过乘坐直升机、热气球、滑翔伞等低空飞行器，游客可以在空中俯瞰美景，享受独特的视觉体验。空中游览项目不仅吸引了游客的关注，还带动了相关旅游产业的发展。未来，随着eVTOL等新型低空飞行器的商业化应用，城市空中游览项目将更加多样化和便捷化。

私人飞行

私人飞行是高端航空消费领域的重要组成部分，为市场提供了个性化的飞行服务。私人飞机不仅具有便捷、舒适的特点，还具有出行的便捷性和灵活性。随着低空领域的开放和私人飞机购买门槛的降低，私人飞行市场逐渐扩大。同时，私人飞行服务也呈现出多样化和定制化的趋势，以满足不同客户的需求。

航空运动和娱乐飞行

航空运动和娱乐飞行是低空经济中充满活力和创新精神的领域。这些项目包括滑翔伞、动力伞、轻型航空器的飞行体验以及模拟飞行等娱乐活动。这些项目不仅为飞行爱好者提供了享受飞行乐趣的平台,还吸引了大量普通民众参与体验。未来,随着低空技术的不断进步和应用场景的拓展,航空运动和娱乐飞行市场将更加繁荣。

2.3.2 交通运输领域

物流及交通运输是低空经济下游产业中商业应用最广泛的领域之一。无人机物流作为其中的代表性应用,以其高效、便捷、低成本的优势受到广泛关注。

无人机物流

无人机物流是指利用无人机进行货物运输的新型物流方式。相比传统物流方式,无人机物流具有运输速度快、覆盖范围广、成本低等优势。在快递、电商等行业中,无人机物流已在多地开展应用。随着技术的不断进步和政策的逐步放开,无人机物流市场将迎来更加广阔的发展前景。

城市空中交通

UAM是低空经济中的新兴领域之一,旨在通过eVTOL等新型低空飞行器实现城市内部的快速交通。UAM不仅能够缓解地面交通拥堵问题,还能够提高出行效率和舒适度。目前,全球多个城市正在积极探索UAM的应用场景和商业模式,UAM未来有望成为低空经济的重要增长点。

2.3.3 应急救援、工业应用领域

应急救援、城市管理、工业应用领域是低空经济下游产业中具有重要社会价值的领域之一。无人机、直升机等低空飞行器在这些场景中的应用

不仅提高了作业的效率和质量，还降低了人力成本和安全风险。

应急救援

在地震、火灾等自然灾害或突发事件中，直升机、无人机可以迅速到达现场进行灾情侦查、人员搜救和物资投送等工作，也可以作为中继站保障通信服务。使用无人机不仅提高了应急救援的效率和准确性，还降低了救援人员的安全风险。

城市安防

城市安防是无人机在城市管理中的一个重要应用场景。通过搭载高清摄像头等传感器设备，无人机可以对城市重点区域进行实时监控和巡逻。这些监控数据可以实时传输至指挥中心进行分析和处理，工作人员及时发现并处理异常情况。同时，无人机还可以协助警方进行追捕逃犯等工作。

电力巡检和国土测绘

无人机电力巡检也是低空经济工业应用的场景之一。通过搭载红外热像仪等检测设备，无人机可以对电力线路进行巡检和故障排查。这些工作不仅提高了电力巡检的效率和准确性，还降低了巡检人员的工作强度和安全风险。无人机还可以进行国土测绘和城市规划等工作，为城市管理和建设提供重要支持。

2.3.4　农业植保领域

农业植保是低空经济下游产业中最早实现商业化的领域之一。无人机等低空飞行器在农业植保中的应用不仅提高了作业效率和效果，还降低了农药使用量和人力成本。

植保无人机

植保无人机是农业植保领域中的代表性产品之一。通过搭载喷洒系统等设备，植保无人机可以对农作物进行精准施药，完成病虫害防治工作。

使用植保无人机不仅提高了作业效率和效果，还减少了农药浪费和环境污染问题。随着技术的不断进步和政策的支持推动，植保无人机市场将迎来更加广阔的发展前景。

农业监测和管理

除了进行植保作业，无人机还可以用于农业监测和管理工作。通过搭载高清摄像头等传感器设备，无人机可以对农作物生长情况进行实时监测和分析。这些数据可以帮助农民及时了解作物生长状况，以便采取相应的管理措施以提高产量和质量。无人机还可以进行农田地形测量和作物种植规划等工作，为农业生产提供全面支持。

接下来的第三篇将对低空经济的产业应用进行详细阐述。

第 3 章 低空效益及发展分析

3.1 低空产业的经济及社会效益

3.1.1 推动产业升级

引领高端制造业发展

低空经济的发展离不开航空制造、新材料、光电子技术等高端制造业的支撑。随着低空经济的兴起，这些产业领域将迎来新的发展机遇，低空经济将推动相关产业向更高技术水平、更高附加值方向发展。例如，无人机制造需要先进的航空材料、精密的机械加工和更智能化的飞行控制系统，这将促进相关产业链的优化升级。

拓展现代服务业领域

低空经济不仅涉及制造业，还与现代服务业紧密相连。随着低空飞行器的广泛应用，航空物流、低空旅游、航空医疗救援等现代服务业领域将得到拓展和创新。这些新兴服务领域将提供更多就业机会，促进服务业向高品质、高效率方向转型升级。

促进传统产业转型升级

低空经济的发展还能带动传统产业的转型升级。在农业领域，无人机可以用于农作物监测、施肥和喷洒农药等作业，提高农业生产效率和产量。在交通领域，无人机和垂直起降飞行器可以缓解城市交通拥堵问题，推动城市交通向智能化、低碳化方向发展。这些应用将促进传统产业与低空经济的深度融合，推动传统产业实现转型升级。

推动科技创新和人才培养

低空经济的发展需要科技创新和人才支持。随着低空经济的不断发展，更多的人才将被吸引投身于相关领域的研究和开拓工作，推动科技创新和成果转化。同时，低空经济的发展也将为人才培养提供新的平台和就业机会，培养更多具备创新精神和实践能力的高素质人才。

3.1.2 促进区域经济的发展

低空经济具有显著的区域性特征，同时低空产业又具备民航业的区域协同特征（涉及低空交通管理信息共享、规则互认），因此区域之间只能通过协调发展才能够促进区域产业的高速发展，提升区域整体竞争力，而这可能将为"全国统一大市场"打牢产业发展的基础。通过发展低空经济，各地区可以结合自身资源和产业优势，进行优势互补、打造特色产业集群，形成区域经济增长的新引擎。同时，低空经济的发展还将促进区域间的交通连接和人员流动，加强区域间的经济联系和合作。

笔者有幸曾经到访内蒙古多地，各旗县之间开车往往需要数个小时，而架设铁路因人口数量稀少，运营成本较高。建设通用机场、无人机/无人艇货运可能是这些地方便利交通、促进人员及货物流动的最优解。

3.1.3 巩固国防建设

随着现代战争形态的不断演变，低空已经成为军事争夺的焦点之一。从俄乌战争上就可以看到，低空产业尤其是无人机后勤保障、对地打击，以其特有的快速、灵活和高效特点，在国防建设中扮演着越来越重要的角色。低空经济不仅关乎国家的经济发展，更对国防建设具有深远的战略意义。

增强战场感知与快速反应能力

无人机产业作为低空经济的重要组成部分，具有快速部署、灵活机动的特点。在战场环境中，无人机可以进行实时侦察、监控和情报收集，为指挥员提供准确的战场信息，增强战场的透明度和感知能力。同时，无人机还可以携带武器进行精确打击，有效压制敌方，提高军队的作战效能。

促进基础设施资源共享

低空经济的发展推动了通用航空、无人机产业的繁荣，为国防建设提供了更多的民用航空资源和技术支持。通过民用设施的建设，可以降低军事活动和相关配套基础设施建设的成本。同时，民用航空技术的不断创新和发展，也可以为军事航空领域提供更多的技术借鉴和参考。

提升救援与后勤保障能力

在战场环境中，快速、高效的紧急救援和后勤保障能力对于保存有生力量、稳定战局至关重要。低空经济中的直升机、无人机等飞行器具有快速到达、垂直起降和悬停等独特优势，可以在复杂环境下进行紧急救援和物资投送，有效提高战场的生存率和持续作战能力。

强化国防教育

低空经济的发展为国防教育提供了新的平台和教育方法。通过组织低空飞行表演、航空文化展览等活动，可以增强民众对航空事业的兴趣和认识，提高国防意识。同时，偏远地区发展低空经济，可以方便当地百姓出行、稳定当地社会结构。

3.1.4 提升应急救援能力

增强应急救援能力是应对自然灾害、事故灾难等紧急情况的关键，而低空飞行器，尤其是无人机技术的迅猛发展与应用，为这一能力的提升开辟了全新的途径。发展低空经济对于推动我国产业升级、增强应急救援能力、满足人们对高品质生活的向往、提升城市活力、促进区域经济发展等方面，都具有极其重要的意义。

快速响应

在自然灾害、事故灾难等紧急情况下，时间就是生命。低空飞行器，例如，无人机、eVTOL等具有快速部署和灵活机动的特点，能够迅速飞抵灾区或事故现场进行侦察和救援，提高救援效率。

克服地形障碍

在一些复杂的地形环境下，如山区、森林、沼泽地等，传统的地面救援手段往往难以快速到达现场。而低空飞行器可以不受地形障碍因素的影响，快速抵达现场，为救援工作提供宝贵的时间窗口，如图3.1所示是直升机应急救援。

实时监控与信息传递

无人机等低空飞行器可以搭载高清摄像头、红外传感器等设备，对灾区或事故现场进行实时监控和信息采集，为后方救援指挥部提供准确、及时的现场信息，有助于指挥部做出科学、有效的救援决策。同时，长航时无人机[1]可以作为信息中继平台，确保灾区通信网络的全覆盖。

物资投送与医疗救护

无人机还可以用于紧急物资投送，如药品、食品、救援设备等，以满

---

[1] 这种无人机的续航时间在8小时以上，甚至可以达到数十小时。——编者注

图 3.1 直升机应急救援[7]

足灾区或事故现场的急需。无人机也可以用于医疗救护，如搭载医疗设备、转运伤病员等，提高医疗救护的效率和成功率。

降低救援人员风险

在一些危险的救援环境中，如火灾、地质灾害等现场，直接派遣救援人员进入现场可能会使救援力量面临不可预知的风险。而利用直升机、无人机等低空飞行器进行救援，可以在一定程度上降低救援人员的风险，保障救援人员的安全。

3.2 我国发展低空经济 SWOT 分析

3.2.1 优势（Strengths）

政策优势：近年来，我国政府出台了一系列鼓励低空产业发展的政策措施，如《无人驾驶航空器飞行管理暂行条例》《国家空域基础分类方法》等，这为低空产业的发展提供了有力的政策保障。这些政策不仅在一定程度上简化了低空飞行的报批流程，还降低了市场准入门槛，吸引了更多企业和资本进入低空产业。

市场优势：中国拥有庞大的消费市场，民众对于新鲜、有趣的旅游体验有着强烈的需求。低空旅游、低空飞行体验等项目的推出，正好满足了这一市场需求，为低空产业带来了广阔的市场空间。同时，中国地大物博，西部地区地广人稀、物产丰富，除采用公路、铁路以及公航运输，低空物流及运输产业以其特有的优势在一些独特地形地区扮演着重要的交通运输角色。

技术优势：中国在无人机、通用航空等领域积累了丰富的技术经验，形成了一批具有核心竞争力的企业。这些企业在低空产业的研发、生产、运营等方面具有明显的技术优势，为低空产业的发展提供了有力的技术支撑。

人才优势：中国拥有众多的航空院校和相关专业，在民航等领域培养了大批专业人才，包括飞行员、机务人员、空域管理人员等。这些人才在低空产业的各个环节都将发挥着重要作用，为低空产业的快速发展提供了坚实的人才基础。

3.2.2 劣势（Weaknesses）

基础设施薄弱：目前，中国的低空基础设施尚不完善，如存在通用机场数量不足、低空飞行服务站缺乏等情况。这些基础设施的不完善制约了低空产业的规模化和快速发展。

法规体系目前还不完善：目前政府及行业出台了一系列关于低空产业鼓励政策、规范标准，但低空产业的法规体系需要进一步完善，如低空飞行相关安全管理规定、低空有人无人融合飞行标准等。法规体系不完善可能导致各地区出现盲目投入、盲目建设的情况。

产业链协同不足：低空产业涉及研发、生产、运营等多个环节，需要各环节之间紧密协同。然而，目前中国低空经济的产业链协同程度有待进一步整合，各地区之间的协同存在一定的壁垒，例如通用航空尚待更好地与公共运输航空融合运行，相关标准和配套软硬件设施资源建设不充分，影响了整体产业的发展效率。

3.2.3 机会（Opportunities）

产业升级机会：随着全球航空产业的不断升级，低空产业作为航空领域的新兴产业，具有巨大的发展潜力。中国可以借助全球航空产业升级的契机，加快低空产业的发展步伐，提升产业的整体竞争力。例如，以eVTOL为代表的未来UAM城市低空出行，正在逐渐成为可能。

技术创新机会：新技术的不断涌现为低空产业的发展带来了更多的可能性。比如5G通信技术的应用可以提升低空飞行的安全性和效率；人工智能技术的应用可以优化低空物流的配送路径；新型储能技术、高密度能量电池为无人机、eVTOL等航空器注入更强动能等。这些技术创新为低空产业的发展提供了新的动力。

国际合作机会：随着"一带一路"等国际合作倡议的深入推进，中国与其他国家在航空领域的合作日益密切。中国正在积极参与国际低空产业的交流与合作，借鉴国外先进的技术和管理经验，推动国内低空产业的快速发展。

3.2.4 威胁（Threats）

安全风险威胁：低空空域由于接近地面，受地形、地表性质、气象条件复杂多变等多种因素影响；在城市场景中，存在无人机、eVTOL等飞行器对地面行人和建筑物的威胁。这些安全风险可能对乘客生命以及地表建筑物财产安全造成一定的威胁，进而影响低空产业的声誉和市场良性发展。就如同汽车取代马车，部分民众当时所产生的恐惧一样。总体上来看，目前随着技术的进步（如自主避障技术等）、空域管理手段创新（航线自主规划），这些威胁得到了很大的缓解，因此普通民众不必对低空产业产生恐惧。

市场竞争威胁：随着低空产业的不断发展，市场竞争也日益激烈。国内外众多企业都在积极布局低空市场，争夺市场份额。激烈的市场竞争可能导致价格战、恶性竞争等情况出现，这些都会影响产业的健康发展。但随着政策和相关标准的逐步完善，这一威胁也将得到充分的缓解。

本篇参考文献

[1] 刘一煊. 发展低空经济，让通航先飞起来 通用航空及其产业链发展调研[J]. 经济，2021，4（7）：18-23.DOI:10.3969/j.issn.1672-8637.2021.07.018.

[2] 宇辰网. 年中盘点特辑｜美国民用无人机监管历程简介[EB/OL].（2016-06-20）[2024-05-23].https://www.sohu.com/a/84569430_350244.

[3] 孙卫国. 通航委. 低空空域管理改革进展及展望[EB/OL].（2023-10-07）[2024-05-23].http://www.360doc.com/content/24/0405/11/14327190_1119483569.shtml.

[4] 中国民用航空局. 关于发布《国家空域基础分类方法》的通知[EB/OL].（2023-12-21）[2024-05-23].http://www.caac.gov.cn/XXGK/XXGK/TZTG/202312/t20231221_222397.html.

[5] 朱晓辉，朱永文，王家隆. 低空空域管理与飞行服务保障[M]. 北京：国防工业出版社，2022：38-39.

[6] 瞭望东方周刊. 低空经济之水已沸腾[EB/OL].（2024-07-09）[2024-05-23].https://finance.sina.com.cn/jjxw/2024-07-09/doc-inccnryu0924957.shtml.

[7] 中商产业研究院. 中商情报网.2022年中国民用航空材料市场规模及发展趋势预测分析[EB/OL].（2022-06-24）[2024-05-23].https://www.askci.com/news/chanye/20220624/1049381900921.shtml.

[8] 空管行业管理办公室. 解读｜《低空飞行服务保障体系建设总体方案》[EB/OL].（2018-10-12）[2024-05-23].http://www.caac.gov.cn/PHONE/XXGK_17/XXGK/SYZCFBJD/201810/t20181012_192125.html.

第二篇

服务保障体系

第4章 飞行服务保障体系

如同汽车在道路上行驶需要按照一定的交通规则规范运行一样,航空器在空中飞行也需要配套的交通规则以及配套软硬件基础设施。本章节首先从传统运输航空空中交通管理运行机制出发,再进一步探讨低空空域通用航空、无人机空中交通运行规则和配套保障设施装备。

4.1 空中交通管理

4.1.1 民航空管概论

空中交通管理(简称空管)是航空运输系统的一个重要组成部分,它的核心职责是有效维护和促进空中交通安全、维护空中交通秩序,以及保障空中交通的畅通。在我国航空事业快速发展,以及空域资源越发紧张的背景下,民航空管的作用愈发重要,空管技术发展和进步的需求也显得愈发迫切。

空中交通管理概述

空中交通管理系统是一个高度复杂且以信息为驱动的系统,它综合应用了现代多项技术手段(包括信息通信技术、卫星导航技术、雷达技术、可见光图像分析技术、气象技术等），具有高可靠性，是保障飞行安全、提高航空运输效率的关键环节。从广义上讲，空管涵盖了空中交通管理、通信导航监视、航行情报服务以及航空气象服务等多个方面。而在我国，根据《中国民用航空空中交通管理规则》，空管的任务被明确划分为空中交通服务、空中交通流量管理和空域管理三大部分。

民航空管的核心作用

（1）保障空中交通安全

民航空管的首要任务是确保空中交通安全。这包括防止航空器与航空器之间、航空器与地面障碍物之间的碰撞。通过精确的空中交通管制服务，空管部门能够实时监控航空器的位置和飞行状态，确保各航空器之间保持安全的距离，避免碰撞事故的发生。此外，空管还负责提供飞行情报服务，及时向飞行员提供有关飞行安全的信息和建议，帮助他们做出正确的决策。

（2）维护空中交通秩序

在繁忙的航空交通领域，维护良好的空中交通秩序至关重要。民航空管通过制定和实施严格的飞行计划和航线规划，确保所有航空器按照既定的规则和程序飞行。这不仅有助于减少空中交通冲突，还能提高航空运输的整体效率。空管部门还通过与各航空公司、机场和其他相关部门的紧密协作，确保航班的准时起飞和降落，从而维护良好的空中交通秩序。

（3）提高空域资源的使用效率

民航空管在促进航空运输的流畅性、提升空域资源使用效率方面也发挥着关键作用。一方面，通过优化空域资源的配置、调整航班时刻以及协调各相关方，空管部门能够最大限度地减少航班延误和取消的情况。特别是在面对恶劣天气、突发事件等不可预见因素时，空管部门能够迅速做出反应，调整航班计划，确保航空运输的连续性和稳定性。另一方面，随着民航业的逐步发展、航班量逐年增加，越来越紧张的空中资源使空管部门不得不通过管理和技术的创新，提升空域资源的有效利用率来保障航空器的高效运行。

（4）提供关键信息和情报支持

民航空管不仅关注实时的空中交通情况，还致力于收集和提供关键的航行情报。这包括天气状况、机场运营情况、航线限制等重要信息。通过及时准确地传递这些信息，空管部门能够帮助飞行员和航空公司做出更加准确的决策，从而提高飞行的安全性和经济性。

（5）应对紧急情况和提供搜救支持

在紧急情况下，如飞机失联或发生意外，他们负责协调搜救行动，及时通知有关部门并协助进行搜寻援救工作，确保相关部门能够迅速响应并采取有效措施。

民航空管的技术进步与发展趋势

随着科技的不断发展，民航空管也在不断创新和进步。例如：雷达技术的进步以及广泛应用使得空中交通管制更加精确和高效；通信技术和数据链技术性能的不断提升，提高了空管部门与飞行员之间的信息传递效率；人工智能和大数据分析等技术的应用也为空管带来了前所未有的智能化和自动化水平提升，例如在航线规划活动中使用 AI 技术可以极大地提升航线的规划效率。这些技术进步不仅提高了空管的运行效率和服务质量，也为航空事业的持续发展奠定了坚实基础。

4.1.2　民航空管管理体系

我国的民航空管体系分为三级管理模式：国家、地区和省。在国家层面，民航局和空管局负责全国民航的航班管理和空域管理。

在地区层面，各地区的空管局负责本地区的空域和航班管理，其职责主要包括：制订本地区的空域使用计划，进行航班调度，对民航飞机进行空中交通管理、确保航班安全、处理紧急情况，以及与其他地区和国家的空管部门协调工作。地区管理局包括：华北、东北、华东、中南、西南、西北、新疆七大地区空管局。

在省一级层面，空管分局（站）是地区空管局的下属单位，具体负责所在地区的空中交通管制工作。空管分局一般设在省会城市或直辖市，其余地区则设立空管站。空管分局（站）的主要职责包括：提供空中交通管理服务、飞行情报服务、告警服务等，确保航空器在辖区内的安全、有序运行。

我国的民航空管区域划分清晰，管理机构职责明确，形成了较为完善的空域管理体系。但是，随着我国航空事业的快速发展、空域资源紧张、航班量增加，空中交通管理面临着新的挑战，例如如何提高空域使用效率，确保航班安全，是当前我国民航空管工作亟待解决的问题。

4.1.3 空管系统介绍

空管系统，全称为通信、导航、监视（CNS）与空中交通管理系统（ATM）。它是利用通信、导航技术和监控手段对飞机飞行活动进行监视和控制，以保证飞行安全和有秩序飞行的系统。这个系统通过地面设备和卫星通信技术，为空中交通提供各种服务，包括实时监控、飞行引导、气象信息传输、通信导航等。空管系统的目标是确保航空器在空中的安全与效率，同时实现空域利用率的最大化。

空管系统在航空交通中起着举足轻重的作用。它通过实时监控和管理航班，确保航班按照预定计划飞行，避免航班之间的冲突以及航班延误。其次，空管系统提供精确的导航和通信服务，保障飞行器与地面设备之间的有效沟通。此外，空管系统还能及时处理和分析大量的飞行数据和信息，为空管人员提供决策支持。最后，通过优化空中交通流量和管理飞行程序，空管系统可以提高空域的利用率和航班的安全性。

空管外围设施介绍

（1）空管通信系统介绍

民航空管通信技术作为航空领域的重要组成部分，其发展历程可以追溯到 20 世纪 50 年代。自那时起，随着航空事业的飞速发展，民航空管通信技术也取得了显著的进步。从最初的模拟通信到数字通信，再到现在的无线通信和卫星通信，通信技术的发展已经历了几个阶段。

在 20 世纪 50 年代到 70 年代，民航空管通信技术主要采用模拟通信技术。这一时期的通信设备主要是基于模拟信号的传输，设备体积大、重量重、抗干扰能力差。然而，模拟通信技术在当时已经能够满足航空通信的基本需求。

进入 20 世纪 80 年代，随着数字技术的兴起，民航空管通信技术开始向数字通信技术升级。数字通信具有传输速度快、抗干扰能力强、可扩展性好等优点，逐渐成为航空通信的主流技术。数字通信设备体积小、重量轻，且具有更高的通信效率和可靠性。

进入 21 世纪，随着互联网、物联网、大数据等新兴技术的快速发展，民航空管通信技术开始向融合通信转变。融合通信是一种将多种通信技术进行有机融合、实现各种通信技术的优势互补，提高通信系统的性能和可靠性的通信模式。当前，融合通信已经在民航空管通信领域得到广泛应用，例如在低空数据通信领域，适用技术包括：甚高频数据链通信、蜂窝移动通信、S 模式数据链、卫星数据通信等[1]。此外，随着航空通信设备的智能化和自动化水平的提高，民航空管通信技术将向更加智能化的方向发展。

民航空管通信技术总体上经历了从模拟通信到数字通信再到融合通信的发展历程，未来将向更加高效、安全、可靠的通信技术发展。在其发展过程中，通信技术的融合应用等将是未来民航空管通信技术发展的主要趋势。

（2）空管导航系统介绍

空管导航技术是保障民用航空安全、提高航空运输效率的重要手段。在我国，空管导航技术的发展历程可以追溯到 20 世纪 50 年代，空管导航技术的发展主要体现在以下两个方面。

导航技术的更新换代。传统的基于地磁罗盘 + 地图指引的导航机制已经逐渐被基于卫星导航的设备所取代，如定位系统（GPS、北斗）和区域导航系统。这些设备具有更高的精度和可靠性，能够更好地满足航空运输的需求。

导航技术的融合应用。现代的空管导航技术不仅包括传统的导航技术，还包括新兴的导航技术，如基于无线通信的导航技术。这些技术可以实现导航数据的共享和交流，提高导航的效率和精度。例如在低空城市运行环境，受城市高楼林立、复杂电磁环境的影响，很多运行场景无法采用传统的导航技术进行有效定位和导航，此时就需要使用诸如 5G-A 技术在内的多种无线通信技术或辅助进行导航。

未来，我国空管导航技术的发展趋势主要有以下几个方面。

导航技术的集成化。未来的导航设备将不仅是单一的导航设备，而将是集成了多种导航技术的集成化设备。例如，未来的航空导航设备将集成卫星导航、惯性导航、地磁导航等多种导航技术，能够提供更全面、更精确的导航服务。

导航技术的智能化。随着人工智能技术的发展，导航技术也将向智能化方向发展。例如，未来的导航设备将具备自主学习和适应能力，能够根据不同的飞行环境和任务要求自动调整导航参数，提高导航的精度和效率。

（3）空管监视技术

我国空管监视技术的发展经历了从无到有，从简单到复杂，从落后到先进的发展过程。从最初的纯人工观测，到后来的机械式观测设备，再到现在的数字化、智能化设备，我国的空管监视技术已经取得了显著的进步。我国空管监视技术的主要发展方向是现代化、智能化，其主要体现在设备的更新换代上，如新式一次监视雷达、二次监视雷达、多点定位等设备的研发和装备，ADS-B技术的推广应用，以及各种监视技术的综合集成。

空中交通管理系统

空中交通管理系统其组成包含：空中交通流量管理系统、空中交通服务系统、空域管理系统。

（1）空中交通流量管理系统

空中交通流量系统是指为保障空中交通安全、有序和快捷，确保最大限度地利用空中交通管制系统的容量而设置的系统。其主要目的是在需要或预期需要超过空中交通管制系统可用容量期间，为空中交通安全、有序和流量的增加提供服务，同时保证空中交通最佳地流向或通过这些区域。

空中交通流量管理通常分为先期流量管理（战略流量管理）、飞行前流量管理（战术流量管理）和实时流量管理（动态流量管理）三个阶段。

先期流量管理：在飞行前较长时间内（如一周以上），根据预测的交通状况和可用容量，制定合理的航班时刻表。

飞行前流量管理：在飞行前几小时至一天内，根据实时的运行环境（如天气、军航活动等）模拟和评估可能出现的流量拥堵情况，提前向航空公司发送流量管理信息，并协同调整飞行计划。

实时流量管理：在航班运行过程中，通过地面等待、空中改航等措施实时调整起降时间，应对突发流量变化。

现代空中交通流量系统集成了多种先进技术，包括数据分析、模拟仿真、时隙分配算法等。这些技术使得空中交通流量系统能够实时监视和预测空中交通态势，为决策者提供准确的信息支持，以提高管理效率和准确性。

空中交通流量系统面临的挑战主要体现在以下两个方面：一是快速增长的空中交通流量。近年来，我国的空中交通流量增长迅速，给军航、民航空管系统带来了极大的挑战。这种增长主要取决于航线条数及长短、机场和飞机数量以及起降架次等因素。为缓解快速增长的空中交通压力，在现有空域资源（尤其是高空资源）不扩大的情况下，增加单位空域内航空器容量、提高空域资源的利用率，我们需要加快空中交通流量系统的建设进度，才能提升高空交通管理的精度。二是流量分布不均衡。空中交通流量的增长并非均匀分布，主要集中在少数政治、经济、旅游等中心城市的机场，尤其是我国东部较发达地区。这种不均衡的分布进一步加剧了空中交通管理的复杂性。

（2）空中交通服务系统

空中交通服务是空中交通管制服务、飞行情报服务和告警服务的总称。这些服务由空中交通管制员提供，以确保航空器在空中的安全和顺畅飞行。

空中交通管制服务：该服务主要负责防止航空器相撞，维护和加快空中交通的有序流动。空中交通管制员通过实时监测航空器的位置和速度，以及天气和飞行条件，来指导航空器的起飞、降落和航行路线，确保航空器之间的安全间隔。

飞行情报服务：该服务为航空器提供有关飞行安全、航空气象、航行情报等方面的信息。这些信息对于航空器的安全飞行至关重要，可以帮助飞行员了解飞行环境，做出正确的飞行决策。

告警服务：当空中交通管制员发现航空器可能面临危险或存在异常情况时，会立即启动告警服务。空中交通管制员通过向相关航空器发送告警信息，提醒飞行员采取必要的措施，以避免潜在的安全风险。

（3）空域管理系统

空域管理系统是为维护国家安全，兼顾民用、军用航空的需要和公众利益，统一规划，合理、充分、有效地利用空域管理工作的系统。这一系统不仅关乎航空安全，还影响国家空域的整体利用效率和航空运输的顺畅性。

空域管理系统的主要功能包括：

空域规划与设计。空域管理系统的首要任务是进行空域的规划与设计。这包括对特定空域的未来交通量需求进行预测，根据交通流的特性进行航路、航线的布局，以及高度层、飞行方向等的设计。这一过程需要综合考虑空中交通的流向、大小与分布，以确保空域资源的合理利用。

空域资源的分配与管理。空域管理系统负责根据不同类型的用户需求，如民用航空、军用航空等，对空域资源进行合理的分配。这包括机场飞行空域、航路、航线、空中禁区、空中限制区和空中危险区等的规划与管理。

飞行任务的协调与调度。空域管理系统还需对各类飞行任务进行协调和调度，以确保不同航空器之间的安全间隔和顺畅进行。这包括航班的起飞、降落时间的安排，以及特殊飞行任务（如科研试飞、军事训练等）的协调。

现代空域管理系统依赖于先进的技术支持，以实现高效、准确的空域管理。这些技术包括：

自动化与数据处理技术。通过自动化的数据处理系统，空域管理系统能够实时收集、分析和处理大量的飞行数据和信息，从而做出科学的决策。

通信技术。先进的通信技术是空域管理的基础，它确保了空域管理系统与航空器、地面运营单位等之间的实时信息传递。

雷达与导航技术。这些技术为空域管理系统提供了航空器的精确定位和导航信息，是确保飞行安全的关键。

4.2 低空飞行服务保障

低空空域的运行环境与高空环境相比更为复杂，受天气影响和地形地貌的制约的可能性更大，出现低空风切变、与障碍物相撞的可能性更大，这使飞行驾驶难度更大，对于低空飞行服务保障不同于传统运输航空的要求。低空运行保障体系是为低空飞行活动提供全面支持和服务的，它是一系列系统、设施、技术和管理的组织结构和布局。它涵盖了从空域管理、飞行计划审批到飞行服务、监视救援等多个环节，通过合理的架构设计和功能划分，实现低空飞行活动的顺畅运行和安全保障。

4.2.1 低空空管差异性需求

空管需求差异

运输航空由于其飞行任务主要是长途载客或货运，对飞行安全性、准时性和舒适性的要求极高。因此，运输航空的空管需求不仅包括基本的飞行情报服务和管制服务，还涉及航班计划协调、流量管理、气象信息服务等多个方面。此外，运输航空还需要空管系统为其提供高效的航班排序和间隔管理，以确保航班的安全和顺畅运行。

而低空飞行活动具有多样性和灵活性的特点，对空管及配套服务需求差异性较大。低空空域通信、导航和监视覆盖难度较高，地面障碍物多，气象条件复杂，给空中交通服务带来较大挑战。且随着低空经济的发展，低空飞行器的逐渐增多（尤其是在城市空中交通领域），传统 VFR 和 IFR 飞行规则和空管手段难以满足不断变化的大量低高度、高密度的无人驾驶航空器和城市空中交通运行需求，需要有更加智能化、数字化、全覆盖式的空中交通管理手段。

空域使用差异

运输航空飞行活动主要在高空空域进行，且航线相对固定。因此，运输航空需要空管系统提供精确的航线和高度层分配，以确保航班之间的安全间隔和飞行效率。

通用航空、无人机在空域使用上更加灵活。由于其飞行任务多样且以低空空域为主，需要更加灵活地申请和使用空域，这就要求空管系统能够提供较灵活和便捷的支持和保障。

飞行计划与管理差异

运输航空飞行计划通常需要提前制定并经过严格审批，以确保航班的准时性和安全性。运输航空需要空管系统提供高效的航班计划协调和流量管理服务，以确保航班按照预定计划顺利执行。

低空飞行计划可能因任务需求变化而频繁变更，因此通用航空需要空管系统能够快速响应和调整飞行计划。同时，由于通用航空的飞行器种类和性能差异较大，其飞行计划的制订也需要考虑更多因素。

4.2.2 低空飞行服务保障体系

根据《低空飞行服务保障体系建设总体方案》及相关政策文件，我国低空运行保障体系主要由1个全国低空飞行服务国家信息管理系统（简称国家信息管理系统）、7个区域低空飞行服务信息处理系统（简称区域信息处理系统）以及若干个飞行服务站组成，如图4.1所示。

国家信息管理系统

国家信息管理系统是低空飞行服务保障体系的顶层系统，负责收集全国低空航空情报原始资料，汇总区域信息处理系统上报的航空情报初级产品，制作并发布通用航空情报产品和相关航行通告；收集汇总全国低空气象情报；掌握全国通用航空飞行计划及实施情况；掌握全国低空空域管理使用信息；集成各类服务信息，为区域信息处理系统和飞行服务站统一提供基础产品和信息。国家信息管理系统应逐步增强统一向全国提供飞行服务的能力，不断拓展服务渠道，推动服务产品和信息共享，为通用航空飞行的实施提供便利。[2]

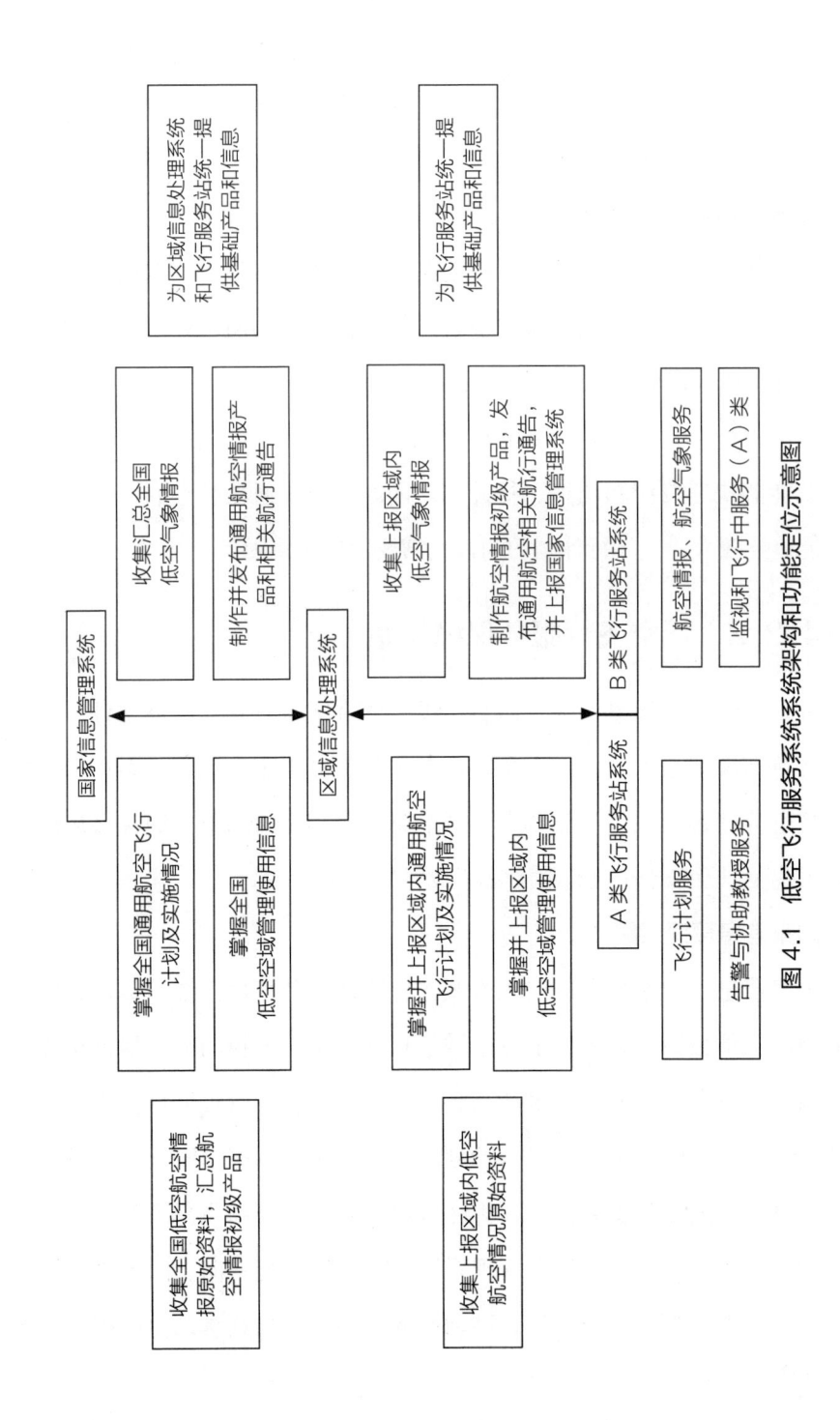

低空经济
如何改变生活、社会和产业

图 4.1 低空飞行服务系统架构和功能定位示意图

056

区域信息处理系统

区域信息处理系统是国家信息管理系统的延伸和补充，负责区域内低空飞行服务信息的收集和处理。它依托民航地区空中交通管理局建设，鼓励有能力的社会力量参与建设和运行。该系统的主要功能包括：收集处理区域内低空航空情报原始资料，制作航空情报初级产品，发布通用航空相关航行通告，并上报国家信息管理系统；收集上报区域内低空气象情报；向区域内各类飞行服务站提供航空情报、航空气象等信息；掌握并上报区域内通用航空飞行计划及实施情况，将本区域内飞行计划及实施情况分发至相关飞行服务站；掌握并上报区域内低空空域管理使用信息；协调飞行服务站，提供告警和协助救援服务；集成各类服务信息，为飞行服务站统一提供基础产品和信息。[2]

飞行服务站

飞行服务站是低空飞行服务保障体系的基层单位，也是服务体系的服务窗口和基础数据来源。飞行服务站可以单独设立，也可以依托现行运输机场空管单位或通航机场设立，飞行服务站按照其服务范围和功能，分为A类飞行服务站和B类飞行服务站。B类飞行服务站应当具备飞行计划处理、航空情报服务、航空气象服务、告警和协助救援服务等功能，向服务范围内的通用航空飞行活动提供服务，定期向区域信息处理系统提供飞行计划及实施情况相关信息。A类飞行服务站除以上功能外，还应当具备监视和飞行中服务等功能。[2]

我国飞行服务保障体系建设情况

近年来，我国政府陆续出台了一系列政策，以推动低空飞行服务保障体系的建设。2010年，国务院、中央军委联合下发了《关于深化我国低空空域管理改革的意见》，标志着我国低空空域管理改革正式启动。此后，民航局根据该意见要求，制定了《通用航空飞行服务站系统建设和管理指导意见（试行）》，明确了飞行服务站建设管理基本要求。

随着改革的深入推进，2018年，国家空管委批准在四川等地进行低空空域综合管理改革试点，探索形成了地方政府主导、军地民三方共同参与的低空管理模式。同年，民航局制定了《低空飞行服务保障体系建设总体方案》，明确提出了建设国家、区域和飞行服务站三级服务保障体系的构想。

在政策的引导下，我国低空飞行服务保障体系的基础设施建设取得了显著进展。截至2023年年底，我国已建成通用机场449个，这些机场不仅为通用航空器提供了起降平台，也成了低空经济发展的重要节点。同时，完成了1个国家信息管理系统、7个区域信息处理系统和32个飞行服务站的建设，这些设施的完善，极大地提升了低空飞行服务的效率和安全性。

在基础设施建设的同时，我国低空飞行服务保障体系的服务能力也在不断提升。一方面，通过公布通用机场情报资料、全国范围低空目视航图等信息，为飞行活动提供了更为详尽的导航和情报服务；另一方面，通过建设以北斗数据为基础的通航北斗飞行动态信息服务平台，实现了对低空飞行的实时监视，进一步增强了低空飞行的安全性。同时，低空飞行申请审批时效性大幅提升，国家信息管理系统-区域信息处理系统-飞行服务站实现联网运行，应急救援、抢险救灾等紧急特殊飞行任务随报随批，通用航班可以实现起飞前4小时提出申请、起飞前2小时批复。

4.2.3 低空飞行服务运行机制

数据共享与交换

国家信息管理系统、区域信息处理系统和飞行服务站之间通过建立服务网络，实现数据共享与交换。这种互联互通机制有助于打破信息孤岛现象，提高信息整合和利用效率，为低空飞行活动提供更加全面、准确的信息支持。

协同合作与分工明确

低空飞行服务保障体系强调协同合作与分工明确。国家信息管理系统和区域信息处理系统分别负责全国和区域内低空飞行服务信息的汇总与处理;飞行服务站则负责具体服务产品的提供和飞行活动的监视与救援。各部门之间通过建立跨部门协同工作机制、定期召开联席会议等方式加强信息沟通和协作配合,确保低空飞行活动的顺畅运行。

监视与救援

低空飞行服务保障体系还承担着监视低空飞行活动和提供救援服务的重要职责。通过 ADS-B、北斗等现代技术手段,低空运行保障体系实现对低空飞行活动的实时监控;同时该体系需要建立告警、应急和救援机制,确保在突发事件发生时能够迅速响应、有效处置。

法治保障与规范引导

低空飞行服务保障体系架构的建设和运行离不开法治保障和规范引导。相关部门通过制定和完善相关法律法规、规章和标准体系,明确各部门的职责分工和协作流程;同时各部门需要加强对低空飞行活动的监管力度,规范市场秩序和飞行行为;该体系能够引导通用航空产业健康发展,推动低空经济持续繁荣。

4.2.4 低空空域申请使用流程

低空空域申请使用流程一般包括以下几个步骤。

确定飞行计划

在申请空域之前,低空飞行器运营人或飞行员需要确定详细的飞行计划。这包括起飞和降落地点、飞行路线、飞行高度、飞行速度等关键信息。这些信息是后续申请空域使用的基础。

提交空域使用申请

运营人或飞行员需要通过飞行服务站按照相关程序向空中交通管理部门提交空域使用申请。申请中应包括起飞和降落地点、飞行路线、飞行高度、飞行速度等必要信息。这些信息将帮助空中交通管理部门评估申请的合理性和可行性。

审核申请

空中交通管理部门在收到申请后,将对其进行审核。审核过程中,空中交通管理部门将考虑所申请空域在指定时间内是否可用,并评估该申请对其他飞行活动的影响。这一步骤是确保飞行安全的关键环节,旨在避免空域使用上的冲突和风险。

批准与飞行许可

经过审核,空中交通管理部门将根据实际情况决定是否批准申请。如果批准,空中交通管理部门将为申请人提供相应的飞行许可。飞行许可中将明确飞行活动的具体时间、空域范围、飞行高度等关键信息,以确保飞行活动的合规性和安全性。

进行飞行活动

获得批准的通航飞机运营人或飞行员需在指定时间和空域内进行飞行活动。运营人或飞行员在飞行过程中,必须严格遵守相关规定,确保飞行安全。如遇特殊情况,运营人或飞行员需及时向空中交通管理部门报告并寻求指导。

若飞行计划仅限定在报告空域内,航空用户只需要报备飞行计划、通报飞行动态就可以组织飞行。飞行计划的批复时限按照《关于规范并简化通用航空飞行任务和飞行计划审批的通知》执行。微型、轻型、小型无人驾驶航空器在适飞空域内飞行无须申请飞行计划。

4.3 UAM 空中交通管理

4.3.1 UAM 的基本概念

城市空中交通（Urban Air Mobility，UAM）是指利用无人驾驶飞行器或有人驾驶飞行器，在城市范围内进行低空飞行，以实现乘客和货物的快速、高效、安全的运输方式。这一概念涵盖了技术、安全、社会和经济等多个方面，是未来城市交通系统的重要组成部分。其发展历程主要包括3个阶段。

第一阶段（20世纪40年代—90年代）：早期探索与概念萌芽阶段

随着航空技术的初步发展，人们开始探索将直升机应用于城市短途运输的可能性。直升机的垂直起降特性使其能够在城市环境中灵活起降，无需长跑道，这为城市空中交通提供了初步的技术基础。这其中较为标志性的事件包括1947年至1971年，美国洛杉矶航空公司使用直升机在洛杉矶地区开展短途运输业务，主要运送旅客和邮件，航线是迪士尼乐园和洛杉矶国际机场之间；1953年至1979年，纽约航空公司也使用直升机在纽约的曼哈顿地区和纽约市的三个主要机场（纽瓦克自由国际机场、拉瓜迪亚机场和肯尼迪国际机场）之间运送乘客。尽管这些早期尝试为UAM概念的形成奠定了基础，但由于载运工具等技术原因，这些服务发展陷入低潮。[3]

在这一阶段，在尝试直升机短途运输的同时，航空技术、材料科学、自动化控制等领域也在不断进步，为UAM的后续发展积累了技术基础。随着城市化进程的加速和交通拥堵问题的日益严峻，人们开始重新审视城市空中交通的潜力。UAM的概念逐渐在学术界和业界中萌芽，并开始吸引越来越多的关注和研究。

第二阶段（21世纪初—2010年）：概念明确与技术突破阶段

进入21世纪后，随着科技的快速发展和城市化进程的进一步加速，

UAM 的概念逐渐明确。2003 年，时任 NASA（美国国家航空航天局）高级工程师的 Moore（穆尔）提出了一种面向个人的飞行器（Personal Air Vehicles，PAV）。PAV 被定位为一种个人或家庭可承担、门到门、按需响应的交通方式，旨在满足城市内部以及城市与乡镇之间的短途出行需求。PAV 的设想强调易操作性、低噪声性和环境友好性等特点，这些特点对于 UAM 在城市环境中的应用至关重要。

在这一阶段，随着电动机、电池和自动化飞行控制等技术的成熟，eVTOL 逐渐成为 UAM 领域的核心运载工具之一。eVTOL 能够实现垂直起降和分布式电力推进，具有低碳环保、噪声低、自动化程度高等优势。这些特点使得 eVTOL 成为支撑 UAM 发展的关键技术之一。在这一阶段，多家企业和研究机构投入 eVTOL 的研发工作，一些原型机已经完成了试飞测试，并开始探索商业化路径。

第三阶段（2010 年至今）：商业化探索阶段

2016 年，全球共享出行巨头优步（Uber）旗下的优步航空发布了一份报告，讲述了一种全新的城市空中出租车系统应用的可行性。该报告设想了使用 eVTOL 航空器将城市间的通勤时间大幅缩短的场景，引发了全球范围内的关注和热议。在优步航空计划的推动下，多家企业和研究机构开始跟进 UAM 领域的商业化尝试。它们纷纷展示各自的 eVTOL 原型机和技术方案，并探索与地方政府、航空管制部门等的合作路径。在这一时期，关于无人机交通管理的理论体系也逐步建立和完善，用于城市空中运输的载运工具研发也得到了极大的关注。[3]

相关权威机构预测，到 2040 年全球 UAM 的产业规模可能达到数万亿美元。其中，中国市场由于庞大的人口基数和快速发展的经济而备受瞩目，预计将成为 UAM 市场的重要组成部分。除了城市通勤，UAM 还被广泛应用于空中游览、物流运输、医疗救援等多个领域。这些应用场景的拓展将进一步推动 UAM 市场的快速发展。随着 UAM 技术的不断成熟和商业化进程的加速推进，各国政府开始关注 UAM 领域的法规制定问题。制定科学合理的法规标准对于保障 UAM 的安全运行和健康发展至关重要。

4.3.2　UAM 与传统交通模式差异

UAM 未来的发展方向与传统城市地面交通模式存在共同点和差异，在共同点方面，UAM 与城市地铁、公共汽车相比，都具有按需响应、流量密度较高的特点，主要采用自动化的交通管制模式；在差异方面，UAM 是在三维空间运行，而城市地面交通在二维空间运行，同时载运工具差别大、标准不统一（UAM 涉及 eVTOL 以及无人机等不同种类的飞行器）。

UAM 与传统民用航空相比，民航运输是固定航班、提前计划，因此载运工具的流量密度远低于 UAM 以及城市地面交通。在交通管制方面，民航空管依托的空管系统主要采用人工监管的方式，而 UAM 和城市地面交通方式一样，人工监管方式不适用于高流量密度的载运工具管理；在共同点方面，民航运输与 UAM 都是在三维空间运行，且其载运工具都需要按照民航适航审定流程取得相关适航认证。

4.3.3　UAM 空中交通管理发展趋势

在未来城市场景空中交通领域，由于现代城市场景高楼林立，空中环境较为复杂，且 UAM 流量较大，传统空管一、二次雷达对航路覆盖受到地形影响，对于低空区域运行的 eVTOL 尤其是无人机无法实现信号的完整覆盖，因此 UAM 空中交通管理的实现较为复杂。需要通感一体、5G-A、北斗、ADS-B 等多种技术融合，在此基础上采用低空空域网格化和数字化是解决未来城市内交通管制的有效手段。

低空空域网格化

（1）定义与背景

低空空域网格化是指将低空空域划分为若干个网格单元，每个单元具有特定的功能和属性，监管人员通过现代信息技术手段实现对这些网格单元的精细化管理和监控。这种管理方式有助于实现低空空域的全面覆盖和无缝衔接，提高空域资源的利用效率和飞行安全水平。随着无人机、eVTOL等低空飞行器的快速发展，低空空域的管理变得日益复杂和重要，网格化管理成为应对这一挑战的有效手段。

（2）网格划分原则

低空空域网格的划分应遵循一定的原则，以确保网格的合理性和有效性。这些原则包括：

地理位置。根据城市的地理特征、地形地貌等因素进行划分，确保网格单元能够覆盖整个低空空域。

飞行高度。考虑不同飞行高度的需求和特点，将低空空域划分为不同的高度层网格。

飞行类型。根据飞行器的类型（如无人机、eVTOL等）和飞行任务（如物流、旅游观光、紧急救援等）进行划分，以满足不同飞行需求。

安全性。确保网格单元之间留有足够的安全间隔，防止飞行器之间的碰撞和干扰。

（3）网格化管理系统构成

低空空域网格化管理系统主要由以下几个部分组成：

感知设备。在每个网格单元内部署雷达、监视、ADS-B等系统，实现对低空飞行器的实时监测和跟踪。这些设备能够捕捉到飞行器的位置、速度、高度等关键信息。

信息处理系统。将感知设备收集到的数据传输到信息处理系统进行处理和分析。该系统能够对数据进行融合、筛选和分类，提取出有价值的信息用于后续的管理和决策。

指挥调度平台。基于信息处理系统的结果，指挥调度平台能够实现对低空飞行器的远程指挥和调度。该平台能够制订飞行计划、分配飞行资源、协调飞行冲突等。

反制单元。针对非法飞行活动或试图闯入重点保护区的飞行器，网格化管理系统将智能联动反制单元进行快速处置。反制单元可以采取驱离、迫降或诱捕等措施确保低空空域的安全。

（4）技术特点与优势

全面覆盖与无缝衔接。管理系统通过网格化划分实现低空空域的全面覆盖和无缝衔接，提高空域资源的利用效率和飞行安全水平。

精细化管理与监控。每个网格单元都具有特定的功能和属性，通过现代信息技术手段实现对这些网格单元的精细化管理和监控。

智能联动与高效管控。感知设备、信息处理系统、指挥调度平台和反制单元之间形成智能联动机制，能够快速响应非法飞行活动并实现高效管控。

信息共享与数据融合。不同网格单元之间的监测信息能够实现实时共享和智能分类处理，避免信息孤岛现象，提高决策的科学性和准确性。

低空空域数字化

（1）定义与目标

低空空域数字化是指利用现代信息技术手段对低空空域进行全面、深入的数字化改造和管理，构建低空数字空域图、低空目视飞行航图等数字化管理工具，提升低空飞行的智能化水平和管理效率。其目标在于实现低空空域的透明化、可视化和智能化管理，为低空经济的发展提供有力支撑。

（2）数字化建设内容

低空空域数字化建设主要包括以下几个方面：

数字空域图。管理系统通过低空空域全息勘测，结合空中交通管理部门的数据，编制全市低空数字空域图。该图能够直观展示低空空域的结构、功能分区、航线划设等信息，为飞行计划申报、空域动态管理提供基础数据支持。

目视飞行航图。制作低空目视飞行航图需标注重要的地标、障碍物、限制区等信息，可以为飞行员提供直观的飞行指引。航图的设计应符合国际民航组织的标准和规范，确保飞行员能够准确理解和使用航图。

数字孪生系统。建设低空空域数字孪生系统，通过模拟和仿真技术还原低空空域的真实环境。该系统能够实时反映低空空域的动态变化，包括天气状况、飞行器位置等信息，为飞行计划优化、风险评估等提供有力支持。

智能化管理平台。低空飞行智能化管理平台，涵盖飞行计划申报、低空运行监控、飞行活动管理、空域动态及用户管理等功能。该平台能够实现飞行活动的全流程管理，包括飞行前审批、飞行中监控和飞行后评估等环节，提高低空飞行的安全性和效率。

（3）技术支撑与实现路径

低空空域数字化的实现离不开先进的信息技术支撑。这些技术包括：

大数据技术。用于处理和分析海量的低空飞行数据，提取有价值的信息，用于管理和决策支持。

人工智能技术。通过机器学习、深度学习等技术实现对低空飞行器的自动识别、跟踪和预测，提高管理的智能化水平，也能用于UAM航线的规划和决策。

云计算技术。提供强大的计算和存储能力，支持低空飞行数据的实时处理和分析以及智能化管理平台的稳定运行。

物联网技术。实现感知设备与信息处理系统之间的互联互通，确保数据的实时传输和共享。

第 5 章 地面基础设施及配套教育培训

5.1 飞行服务站

低空飞行服务站系统（Low Altitude Flight Service System，LAFSS）是一种用于低空飞行服务的自动化综合系统，主要由国家信息管理系统、区域信息处理系统和飞行服务站系统三部分组成。这种系统的设计与实现，是为了提高低空空域的使用效率，保障通用航空飞行活动的安全，满足飞行计划服务、航空情报服务、航空气象服务、告警和协助救援服务等多方面的需求。

国家信息管理系统是低空飞行服务系统架构中的第一级系统，主要功能定位为信息收集汇总与产品信息发布。区域信息处理系统是低空飞行服务系统架构中的第二级系统，主要功能定位为信息收集上报与产品信息提供。飞行服务站系统是低空飞行服务系统架构中的第三级系统，分为 A 类飞行服务站系统和 B 类飞行服务站系统，主要功能定位为为通用航空飞行活动提供服务与飞行计划及实施情况上报[4]。

随着我国低空产业的快速发展，低空飞行服务站系统在低空领域的作用日益凸显。然而，目前我国的低空飞行服务站系统仍处于初步建设阶段，尚存在诸多问题和挑战。例如，低空空域划设和灵活使用，低空服务保障体系的运行，二、三级系统的联网工作等方面都需要进一步研究和完善。此外，由于我国空域管理主体较多，同一省份空域可能涉及多个管理单位，飞行计划审批往往需要跨单位申报，流程烦琐、周期长，直接影响飞行组织与实施。

为了解决这些问题，我国正在积极推进低空空域管理改革和低空飞行服务保障体系建设。在这一过程中，飞行服务站系统的设计与实现显得尤为重要。一方面，飞行服务站系统是低空飞行服务保障体系的重要节点，是服务低空空域用户的窗口和平台，能够实现飞行计划申请"一站式"服务，极大地简化了通航用户飞行任务和飞行计划审批程序；另一方面，飞行服务站系统能够实时提供飞行计划及实施情况等相关信息，有助于提高低空空域使用率，保障通用航空、低空飞行活动的安全。

基于我国低空产业发展的实际需求，研究低空飞行服务站系统的设计与实现具有重要的理论和实践意义。通过对低空飞行服务站系统的设计与实现进行深入研究，可以推动我国低空飞行服务保障体系的建设，促进通用航空业、无人机产业、UAM 又好又快发展，保障低空空域的安全和高效使用。本章节将就我国低空飞行服务站的功能、建设现状、挑战和对策建议进行深度分析。

5.1.1 建设及研究低空飞行服务站的意义

在当前我国低空产业发展迅速的背景下，低空飞行服务站系统的设计与实现显得尤为重要。

低空经济、通用航空作为民航体系的重要组成部分，它们的发展直接关系到国家经济和社会的发展。而低空飞行服务站系统作为通用航空服务的重要支撑，其设计与实现将直接影响通用航空的服务质量和效率。通过研究和设计低空飞行服务站系统，可以有效提高通用航空的服务效率，满足通用航空用户的需求,推动通用航空的健康发展。

5.1.2 低空飞行服务站概述

低空飞行服务站系统是通用航空的关键平台,提供飞行计划、航空气象等服务,优化管理效率和安全。系统简化了飞行任务流程,提升了执行效率,对通用航空市场改革、气象服务时效性和低空安全有显著影响。

低空飞行服务站系统的主要功能包括以下几个方面。

飞行计划服务:为用户提供飞行计划申请和报批的通道,受理并审核用户提交的飞行计划,同时将审核结果向相关部门备案。

航空气象服务:为用户提供组织飞行所需的天气实况和预报等信息,包括观测本场或管辖范围内的气象数据,制作、发布各类气象情报,接收、发布航空气象服务机构的数据,以及向用户提供飞行前、飞行中讲解等。

除此之外,主要功能还包括航空情报服务、飞行情报服务、告警和协助救援服务等。

5.1.3 我国低空飞行服务站建设现状

建设数量相对较少

与通用航空产业发达的美国相比,我国低空飞行服务站的数量仍然较少。据不完全统计,截至目前,美国约有180个飞行服务站和58个自动飞行服务站,而我国目前在建或者已建成的飞行服务站相对较少。虽然近年来我国通用航空得到了快速发展,但低空飞行服务站的建设仍然滞后于通用航空的发展速度。

服务能力有待提升

目前,我国低空飞行服务站的服务能力还有待提升。由于低空飞行服务站的规模和人员配备有限,其提供的飞行计划服务、航空气象服务、航空情报服务、告警服务、应急救援服务等的服务范围和服务质量也受到了一定限制。

地区发展不均衡

我国低空飞行服务站的建设还存在地区发展不均衡的问题。经济发达、通用航空发展较快的地区，如珠三角、长三角等地区，低空飞行服务站的建设相对较为完善；而经济欠发达、通用航空发展较慢的地区，低空飞行服务站的建设则相对滞后。这种地区发展不均衡的状况不利于我国低空经济的整体发展。

资金投入不足

资金投入不足也是制约我国低空飞行服务站建设的重要因素之一。低空飞行服务站的建设和运营需要大量的资金投入，包括基础设施建设、设备采购、人员培训等方面的费用。然而，目前各地政府和企业对低空飞行服务站的资金投入仍然有限，难以满足其建设和运营的需求。这导致一些地区的低空飞行服务站建设进展缓慢。

美国联邦航空管理局（FAA）在低空飞行服务站建设方面的做法可以参考：在早期，美国联邦航空管理局统一建设、运行和维护低空飞行服务站；后期由于维护成本过高，技术手段的不断进步，经过私有化改造，低空飞行服务站逐步由人工服务向自动化服务发展，目前形成了三级服务体系，即枢纽服务中心—区域服务中心—无人值守飞行服务站（也称远程通信站）。美国联邦航空管理局仅在对于飞行安全至关重要的地区，设置人工值守服务站[4]。

5.1.4 未来建设趋势

未来我国低空飞行服务站的建设将呈现多元化、智能化和高效化的趋势，这些趋势将有力推动低空经济的蓬勃发展，促进国家经济和社会的全面进步。

智能化升级

智能化是未来低空飞行服务站建设的一大趋势。随着大数据、云计算、人工智能等技术的广泛应用，低空飞行服务站将实现自动化、智能化的服务流程。例如，通过智能算法优化飞行计划审批流程，缩短审批时间，提高审批效率；利用大数据分析技术预测空域流量，实现空域资源的合理分配和使用；通过人工智能技术提供实时的飞行安全监控和告警服务，保障低空飞行的安全顺畅。智能化升级将显著提升低空飞行服务站的服务质量和效率，推动低空经济的快速发展。

高效化运营

高效化运营是未来低空飞行服务站建设的核心目标之一。为了实现这一目标，低空飞行服务站将在以下几个方面进行努力：一是优化服务流程，简化审批程序，提高服务效率；二是加强与其他部门和单位的沟通协调，形成工作合力，共同推动低空飞行服务的高效开展；三是加强基础设施建设，提升低空飞行服务站的硬件和软件水平，为高效运营提供有力支撑。此外，低空飞行服务站还将积极探索新的运营模式和赢利模式，推动低空经济的可持续发展。

政策支持与规范引导

未来低空飞行服务站的建设离不开政策支持和规范引导。随着低空经济的不断发展，国家和地方政府将出台更多支持低空飞行服务站建设的政策措施，包括财政补贴、税收优惠、土地供应等方面的支持。同时，相关部门还将制定和完善低空飞行服务站的建设标准和管理规范，确保低空飞行服务站的建设和运营符合国家和地方的发展规划和政策要求。政策支持和规范引导将为低空飞行服务站的建设提供有力保障，推动其健康、有序发展。

区域均衡与协同发展

未来低空飞行服务站的建设还将注重区域均衡与协同发展。针对当前低空飞行服务站建设地区发展不均衡的问题，相关部门将加强规划和引导，推动低空飞行服务站在全国范围内的均衡布局。同时，相关部门还将加强区域间的协同合作，实现资源共享、优势互补，共同推动低空经济的区域协同发展。区域均衡与协同发展将有助于提高低空飞行服务站的覆盖范围和服务水平，促进低空经济的全面发展。

未来我国低空飞行服务站的建设趋势将呈现智能化、高效化等趋势。这些趋势将有力推动低空经济的快速发展，促进国家经济和社会的全面进步。随着政策支持的不断加强和技术的不断进步，低空飞行服务站将在未来发挥更加重要的作用，成为低空经济发展的重要支撑和推动力量。

5.2 通用机场

通用机场是指为从事工业、农业、林业、渔业和建筑业的作业飞行，以及医疗卫生、抢险救灾、气象探测、海洋监测、科学实验、教育训练、文化体育等飞行活动的民用航空器提供起飞、降落等服务的机场。它属于民用航空机场的一类，与公共运输机场（通常指大型的商业航班起降的机场）相区分，主要为在低空运行的航空器服务。

5.2.1 通用机场的作用

通用机场作为低空运输的重要基础设施，其建设对于推动低空运输的发展具有深远的意义。其对于低空运输具有以下几方面的意义。

通用机场是低空运输的基础

通用机场是低空运输体系中的重要组成部分，为低空飞行器提供起降、停靠、维护等服务。没有完善的通用机场网络，低空运输的发展将受到严重制约。因此，建设通用机场是推动低空运输发展的首要任务。

通用机场的建设不仅提供了必要的硬件设施，如跑道、停机坪、航站楼等，还为低空运输提供了软件支持，如空中交通管理、飞行计划审批等服务。这些设施和服务共同构成了低空运输的基石，确保了低空运输的安全、高效运行。

提升低空运输的可达性和便捷性

通用机场的建设可以大大提升低空运输的可达性和便捷性。通过构建覆盖广泛的通用机场网络，人们可以更加便捷地通过低空运输到达目的地，无论是在城市内部还是城市之间，这种交通方式的灵活性使得它能够在短时间内将乘客和货物快速、准确地送达目的地。

此外，通用机场还可以作为公共运输机场的补充，分担部分客流和物流压力，提高整个航空运输系统的效率和容量。这对于缓解大型机场的拥堵问题、优化航空资源配置具有重要意义。

促进低空运输产业的发展

通用机场的建设使得低空运输基础设施更加完善，间接促进了低空运输相关产业的发展。例如，通用机场的运营需要专业的飞行员、机务维修人员、管理人员等，这将创造更多的就业机会。同时，通用机场的建设和运营也会带动相关产业链的发展，如航空制造、航空油料、航空服务等。

这些产业的发展将进一步推动低空运输的繁荣，形成良性循环。随着低空运输市场的不断扩大，通用机场将成为连接产业链上下游的重要纽带，推动整个低空运输生态系统的协同发展。

增强应急救援和公共服务能力

通用机场在应急救援和公共服务方面发挥着重要作用。在自然灾害、突发事件等紧急情况下，通用机场可以为救援飞机提供起降平台，及时将救援物资和人员运送到灾区，提高应急救援的效率和效果。

此外，通用机场还可以为政府、医疗、科研等机构提供便捷的空中交通服务，支持各种公共服务活动的开展。例如，政府可以利用通用机场进行空中巡查、环境监测等任务；医疗机构可以通过通用机场快速转运病患和医疗物资；科研机构可以利用通用机场进行空中科学实验等。

推动地方经济发展和旅游产业升级

通用机场的建设对于推动地方经济发展和旅游产业升级也具有重要意义。一方面，通用机场的建设和运营将带来大量的投资和消费，直接拉动地方经济增长。另一方面，通用机场的存在将吸引更多的游客前来体验低空旅游、空中观光等新兴旅游项目，推动旅游产业的创新和升级。

同时，通用机场还可以为当地特色产品和服务的推广提供支持。例如，通过低空运输将当地的特色农产品、手工艺品等快速运送到市场，提高产品的知名度和竞争力。这将有助于促进地方特色产业的发展和壮大。

建设通用机场对于发展低空运输具有多方面的意义。它不仅为低空运输提供了必要的硬件设施和软件支持，还促进了相关产业的发展、增强了低空运输的应急救援和公共服务能力、推动了地方经济发展和旅游产业升级。因此，我们应该充分认识通用机场在低空运输发展中的重要性，积极推动通用机场的建设和发展。

5.2.2　通用机场的分类

在中国，根据是否对公众开放，通用机场被划分为 A 类和 B 类，同时 A 类通用机场又依据能够搭载乘客的数量，进一步细分为 A1、A2 和 A3 三个等级（表 5.1）。

表 5.1 通用机场的分类

A 类通用机场	A 类通用机场是指对公众开放的通用机场，这类机场允许公众进入以获取飞行服务或自行开展飞行活动。它们类似于传统公共航空运输机场，但是规模较小，具有较为开放的特性。根据能够搭载乘客的数量，A 类通用机场进一步被细分为三个等级 ● A1 级通用机场：此类机场能够支持乘客座位数在 10 座及以上的航空器开展商业载客飞行活动。这意味着它们具备接待较大型航空器的能力，并可以提供相应的商业服务，如旅游包机、商务出行等 ● A2 级通用机场：这类机场则适用于乘客座位数在 5 至 9 座之间的航空器进行商业载客飞行。它们通常服务于较小规模的团体或有特定需求的客户，如短途旅行、空中拍摄等 ● A3 级通用机场：除了 A1 和 A2 级外的其他 A 类通用机场被归为 A3 级。这些机场可能不具备接待大型商业航班的能力，但它们在飞行员培训、私人飞行、航空运动等方面发挥着重要作用
B 类通用机场	与 A 类通用机场不同，B 类通用机场不对公众开放。它们更像是私家停车场或单位内部停车场，主要服务于特定的飞行需求，如农业喷洒、航空测绘等。这类机场通常不对外提供商业飞行服务，而是专注于满足特定的行业或政府需求

5.2.3 通用机场业务特点

多样性：通用机场的业务特点首先体现在其多样性上。这些机场不仅服务于商业载客飞行，还涉及飞行员培训、空中巡查、防林护林、喷洒农药等多种作业飞行。此外，它们还在应急救援、商务包机、空中摄影、景点观光和空中表演等领域发挥着重要作用。这种多样性的业务范围使得通用机场在地区经济发展和民生服务中占据了不可或缺的地位。

灵活性：与大型公共运输机场相比，通用机场在运营上更具灵活性。由于它们主要服务于特定的飞行需求，因此可以根据实际需求进行快速调整和优化。例如，在应对突发事件时，通用机场可以迅速转变为应急救援基地，为灾区提供必要的物资和人员支持。这种灵活性使得通用机场在应对各种复杂情况时具有显著优势。

地域性：通用机场通常位于离城市中心较远的地区，这使它们在服务地区经济和社会发展方面具有独特的地域性优势。这些机场不仅可以为当地提供便捷的航空交通服务，还能带动周边地区的经济发展和旅游业的繁荣。通过吸引游客和商务人士前来体验和使用通用机场的服务，可以进一步促进当地经济的增长和增加就业机会。

专业性：由于通用机场主要服务于特定的飞行任务，因此它们在专业性和技术性方面具有较高的要求。这意味着通用机场需要拥有一支高素质、专业化的运营团队来确保飞行任务的安全和高效执行。同时，为了满足不同客户的需求，通用机场还需要不断引进先进的设备和技术来提升自己的服务质量和竞争力。

5.3 垂直起降场

随着低空经济以及航空器的逐步成熟，垂直起降场（VTOL Pads）正逐渐成为连接地面与天空的桥梁。这些垂直起降场不仅为电动垂直起降飞机、无人机、直升机等垂直起降飞行器提供了安全、高效的起降环境，更是未来城市空中交通的重要组成部分。本节重点从电动垂直起降航空器起降场出发，探讨其设计、建设等要点。

5.3.1 什么是垂直起降场

垂直起降场，是指支持使用垂直起降技术（Vertical Takeoff and Landing, VTOL）的飞行器进行起降操作的场地，如图5.1所示。这些飞行器包括但不限于eVTOL、无人机、直升机以及具备垂直起降能力的固定翼飞机等。垂直起降技术允许飞行器在没有跑道的情况下，直接从地面或水上垂直起飞和降落，极大地提高了飞行的灵活性和便捷性。其设计及技术特性需要满足灵活性、安全性、环保的要求。

图 5.1　eVTOL 垂直起降场 [5]

灵活性高：垂直起降技术使飞行器能够摆脱对飞行跑道的依赖，只需一小块平地或水面即可实现起降，可以在城市中心、山区、海岛等复杂环境中展现出极高的灵活性。

安全性强：垂直起降场为飞行器提供了安全、高效的起降环境，有效降低了发生飞行事故的风险。

效率高：相比传统的地面交通方式，空中交通能够大幅缩短行程时间，缓解城市交通拥堵问题，提高出行效率。

环境友好：eVTOL 等新型飞行器大多采用电力驱动，减少了碳排放，符合全球低碳发展的趋势。

5.3.2　垂直起降场使用场景

城市空中交通

随着城市化进程的加快，城市交通拥堵问题日益严重。垂直起降场为城市空中交通提供了可能，人们可以通过 eVTOL 等飞行器实现快速、便捷的空中出行，大大缩短了城市间的距离。这些起降场可以遍布城市的各个角落，无论是商务区、居民区还是旅游景点，都能成为空中交通的节点，这极大地提升了城市的通行能力。

应急救援

在自然灾害、交通事故等紧急情况下，空中救援能够迅速穿越拥堵路段和难以通行的区域，为救援队伍和医疗设备提供快速到达现场的通道。垂直起降场作为空中救援的重要基础设施，能够在关键时刻发挥关键作用，缩短救援响应时间，提高救援效率。

物流配送

随着电商行业的蓬勃发展，我们对物流配送的需求日益增加。利用无人机等垂直起降飞行器进行物流配送，可以大幅缩短配送时间，降低人力成本。垂直起降场作为无人机的起降点，为物流配送提供了便利条件。

旅游观光

垂直起降场还可以与旅游业相结合，为游客提供低空观光服务。游客可以通过 eVTOL 等飞行器从空中俯瞰城市美景，获得独特的旅游体验。这种旅游方式不仅新颖有趣，还能带动当地其他旅游业的发展。

5.3.3 设计、运营要点

设计要点

（1）选址与布局

选址原则：垂直起降场的选址需综合考虑地理位置、气候条件、交通状况、城市规划及环境保护等因素。理想的场址应位于城市中心或交通枢纽附近，便于乘客出行；同时，应避免在人口密集区、高噪声敏感区及航空管制区等限制区域内建设。

布局规划：场址布局应合理规划起飞和着陆区（TLOF）、最后进近和起飞区（FATO）、安全区（SA）等关键区域，确保飞行器的安全起降和地面活动的有序进行。此外，场地布局还需考虑乘客服务设施、飞行器维护区、电力充电站等配套设施的布局，以提供全面的服务支持。

（2）物理特性与障碍物限制

物理特性：垂直起降场的物理特性包括场地尺寸、形状、表面材质及排水系统等。场地尺寸需根据飞行器的最大起飞重量❶、翼展及悬停高度等因素确定，以确保飞行器有足够的空间进行起降和悬停。场地形状应尽可能规则，以减少气流扰动对飞行的影响。表面材质需具备良好的防滑、耐磨及耐候性，以确保飞行器的安全起降。排水系统应设计合理，确保在恶劣天气条件下场地不会积水。

障碍物限制：为保障飞行安全，垂直起降场需对周边障碍物进行严格限制。这包括建筑物、树木、电线杆等固定障碍物以及飞行中的鸟类等移动障碍物。障碍物限制面需根据飞行器的性能参数和飞行规则确定，以确保飞行器在起降过程中不会与障碍物发生碰撞。

（3）目视助航设施

目视助航设施对于垂直起降场的运营至关重要。这些设施包括标志、标志物和灯光系统等，旨在帮助飞行员在视觉上识别场地位置、方向和边界等信息。标志和标志物需设计醒目、易于识别且符合国际民航组织的标准；灯光系统则需具备足够的亮度和覆盖范围，以确保夜间和恶劣天气条件下的飞行安全。

运营要点

（1）飞行管理与调度

垂直起降场的运营需建立完善的飞行管理与调度系统。该系统应具备

---

❶ 最大起飞重量：指因设计或运行限制，航空器在起飞时所能容许的最大重量。——编者注

实时监控、精准调度和应急响应等功能，以确保飞行器的安全、高效运营。实时监控功能可帮助管理人员掌握飞行器的实时位置和状态信息；精准调度功能则可根据飞行器的需求和场地资源进行合理分配；应急响应功能则可在突发情况下迅速启动应急预案并采取措施减少损失。

（2）服务质量与客户体验

提升服务质量和客户体验是垂直起降场运营的重要目标。这包括提供便捷的登机服务、舒适的候机环境以及满足个性化的客户需求等。登机服务方面可采用一站式安检、便捷认证等技术实现快速登机服务；候机环境方面则需提供舒适的休息空间和便利的服务设施；满足客户需求方面则需通过市场调研和数据分析了解客户需求并不断优化服务流程和产品设计。

（3）维护与保养

垂直起降场的维护与保养对保障场地设施的安全性和延长场地的使用寿命至关重要。主要措施包括定期对场地设施进行检查和维护保养工作以及及时处理故障和损坏等问题。除此之外，我们还需建立完善的维护保养记录和档案管理制度，以便追溯和评估维护保养工作的效果和质量。

5.3.4 未来发展趋势

智能化发展

随着人工智能、大数据等技术的不断发展，垂直起降场将朝着智能化方向发展。通过引入智能感知、智能决策等先进技术手段，相关人员可以实现对飞行器的实时监测和精准调度；同时，可以为乘客提供更加便捷、个性化的服务体验。

网络化发展

未来垂直起降场将形成网络化布局，覆盖从城市到海岛、山区等不同应用场景。通过建设数量众多、分布广泛的垂直起降场网络，可以实现飞行器的无缝衔接和高效转运；同时，还可以为乘客提供更加灵活多样的出行选择。例如，乘客可以通过手机小程序预约 eVTOL 等飞行器实现跨城市出行，物流公司也可以通过无人机实现跨海岛的物流配送等。

绿色化发展

在全球低碳发展的趋势下，垂直起降场将更加注重绿色化发展。通过推广使用 eVTOL 等新能源飞行器、建设绿色能源供应系统等措施，可以减少低空飞行器的碳排放量。例如，运营公司可以建设太阳能充电站为 eVTOL 等飞行器提供绿色能源，可以探索使用氢能等清洁能源作为飞行器的动力来源等。

标准化发展

为了确保垂直起降场的安全、高效运营和可持续发展，政府和企业需要制定和完善相关标准和规范。这包括制定飞行器起降标准、服务标准、安全标准等；同时，还需要加强与国际先进标准的对接和交流合作。通过标准化发展可以推动垂直起降场的规范化建设和运营；同时也可以提升我国在国际航空领域的话语权和影响力。

5.4 教育以及培训

作为低空经济的重要组成部分，低空经济教育培训产业在这一领域中也逐渐崭露头角，并呈现出蓬勃发展的态势。本节将对低空经济教育培训产业的发展现状进行深入剖析，并探讨其未来趋势。

5.4.1 低空经济教育培训产业现状分析

产业规模不断扩大

近年来，随着低空经济的兴起，越来越多的企业和机构开始涉足低空经济教育培训这一领域。在低空经济教育培训产业中，不仅有传统的航空院校和培训机构，还涌现出了一批专注于低空经济领域的教育培训企业等。这些企业和机构通过提供专业化的培训课程和服务，为低空经济领域相关专业细分市场输送了大量的人才。

培训课程日益丰富

随着低空经济领域的不断拓展，相关的培训课程也日益丰富起来。这些课程不仅包括飞行技术、航空设备维修、航空服务等基础内容，还涉及无人机操作、航空摄影、低空旅游、应急救援等多元化领域。这些课程的设置，不仅满足了不同领域的需求，也为学员提供了更多的选择和发展空间。

培训模式不断创新

在传统的面对面培训模式基础上，低空经济教育培训产业也在不断探索和创新培训模式。例如，利用虚拟现实（VR）技术进行模拟飞行训练、通过云平台进行远程教学等。这些创新模式不仅提高了培训的效率和效果，也为学员提供了更加便捷和灵活的学习方式。

政策支持力度加大

近年来，各国政府对低空经济的重视程度不断提高，相关政策支持力度也在逐步加大。我国中央及地方政府出台了一系列政策措施，鼓励和支持低空经济领域的发展。这些政策的实施，为低空经济教育培训产业提供了良好的发展环境和机遇。

5.4.2 低空经济教育培训产业细分市场

低空经济教育培训产业有如下几个细分市场。

通用航空飞行员培训：航空学校是专门培养飞行员和其他航空专业人才的教育机构。它们通常提供从初级飞行技术培训到高级飞行技术培训的教学课程，以及航空理论知识的学习。航空学校的课程设置可能包括飞行操作、航空法规、气象学、导航、飞机系统、航空安全等科目。航空学校还可能提供航空管理、航空工程、空中交通管制等相关专业的教育。

无人机驾驶员培训：无人机在多个领域都有广泛应用，如航拍、农业植保、地质勘测等。因此，无人机驾驶员培训也成了低空经济教育培训的一个重要分支。培训内容通常包括航空安全、无人机操作、飞行器维修、政策法规等方面。

航空维修人员培训：随着航空器应用数量的增多，该领域对专业维修人员的需求也随之增加。这一领域的培训主要集中在航空器日常维护、故障排除、部件更换等技能上。

空管人员培训：空中交通管制是保障飞行安全的关键环节，空管人员的专业培训至关重要。培训内容涉及空中交通规则、通信导航、气象等多个方面。

技术与管理人员培训：随着低空经济的不断发展，该领域对相关技术和管理人才的需求也日益增长。这类培训包括航空技术、项目管理、航空法规政策等课程。

航空服务人员培训：除了飞行和维修等核心技术人员外，航空专业服务人员也是不可或缺的一部分。他们的培训内容可能涉及机务、客舱服务、空防安全、应急处理等方面。

安全与应急演练培训：针对低空经济领域可能出现的各种紧急情况，相关人员需要进行安全和应急、反恐防暴演练培训，以确保在实际操作中能够迅速、准确地应对突发事件。

这些细分领域共同构成了低空经济教育培训产业的完整体系，为低空领域输送了大量专业人才，推动了整个行业的持续健康发展。一般来说，通航飞行操作、航空维修、空管业务、航空服务等培训内容构成了传统通用航空学院的培训课程。随着无人机市场的迅猛发展，也有越来越多的人会直接参加无人机驾驶员培训，也有很多学院正在开设无人机驾驶课程。

5.4.3 无人机驾驶员培训证书

相关教培学校的无人机驾驶员证书培训课程一般包括无人机操控技术、无人机飞行原理、地面站规划、无人机装配与维修、无人机结构与系统、无人机植保应用技术、无人机巡检应用技术、无人机航拍技术、无人机遥感应用技术、无人机航测数据处理、无人机航拍及后期数据处理、无人机编程技术、应急救援等（图5.2）。

中国目前主流的无人机驾照包括：CAAC、AOPA、CHALPA、ASFC、UTC、COSL这6种。

CAAC：CAAC是由中国民用航空局颁发的《民用无人机驾驶员执照》，通常为电子执照，是目前国内最权威也最通用的一种无人机驾照。CAAC按照机型分为多旋翼、垂直起降固定翼、固定翼、直升机四种。CAAC适用于想要从事无人机商业飞行的人员，同时CAAC也是向空军及航管部门申请飞行计划时的人员证照凭证。

AOPA：AOPA是中国航空器拥有者及驾驶员协会颁发的《民用无人驾驶航空器系统驾驶员合格证》的实体证件，由中国民用航空局授权行业协会颁发的现行有效的无人机驾驶员合格证。

CHALPA：CHALPA是由中国民用飞行员协会颁发的《民用无人机驾驶员资格证书》。

ASFC：ASFC是由中国航空运动协会颁发的《遥控航空模型飞行员执照》，是由中国航空运动协会管理的一种航空模型运动员资格证书，也是参加国际航空联合会举办的赛事所需的会员证。ASFC适用于想要从事航空模型运动或参加国际赛事的人员，尤其是那些对航空模型运动有浓厚兴趣和爱好的人员，例如航空模型爱好者、教练、选手等。

UTC：UTC是深圳市大疆创新科技有限公司（DJI）与中国航空运输协

会通用航空分会（CATAC）联合推出的《无人机系统操作手培训考试标准》，是一种针对特定无人机岗位的技能培训和考核体系。UTC证书按照应用领域分为航拍、植保、测绘、巡检等多个类别。申请UTC证书需要参加相应类别和等级的理论和实操培训，并通过相应考试。考试内容包括无人机的基本知识、操作技巧、应用方法以及安全规则等内容。UTC证书适用于想要从事无人机行业应用的人员，尤其是那些对大疆的无人机产品有兴趣和需求的人员。

COSL：COSL是国家技能等级证书（Certificate of Skill Level）的简称，是由中国人力资源和社会保障部颁发的一种职业资格证书，是一种针对不同职业岗位的技能鉴定和认证体系。尤其是无人机领域随着科技的发展和应用范围的扩大，无人机驾驶员和装调维修工的职业技能等级证书变得越来越重要。

图 5.2　无人机飞手室外培训

（图片来源：青岛云统帅航空科技有限公司。）

5.4.4　挑战及发展方向

面临的挑战

尽管低空经济教育培训行业正蓬勃发展，但是它也遭遇了若干挑战和难题。随着培训需求的持续增长，该行业对持证教师的需求变得日益迫切。目前，该领域专业人才稀缺，尤其是那些拥有丰富教学经验和专业技能的教师更是凤毛麟角。这种情况会在某种程度上限制行业未来的发展和质量的提升。然而，随着低空产业的快速扩张和市场的拓展，相关人力资源的补充有望缓解这一问题。与此同时，由于低空经济教育培训行业尚处于初级阶段，市场上的培训机构和教学水平存在显著差异。一些机构为了追求利润最大化，可能会牺牲教学质量和学员的实际需求，从而影响培训效果。低空经济领域的法规和标准尚需进一步完善。随着低空经济的快速发展，相关标准和教育培训产业的执行标准也将得到进一步加强和完善。

未来的发展方向

产业化发展趋势明显：随着低空经济的不断发展，相应的教育培训产业也将逐渐形成完整的产业链。从课程设计、教材编写到教学实施、学员评估等环节都将更加专业化和规范化。同时，产业内的各个环节也将更加紧密地协作和配合，最终形成良性发展的生态圈。尤其是在一些新兴细分市场，比如eVTOL、无人机、低空旅游等细分市场，市场逐步扩大、完善，教培产业链会更加完善和合理，相关培训资源会具有更高的性价比。

培训模式将进一步创新：未来，低空经济教育培训产业将继续探索和创新培训模式。例如，利用大数据和人工智能技术为学员提供更加个性化的学习方案；通过线上线下相结合的方式提供更加灵活多样的学习方式；利用虚拟现实技术（VR、元宇宙驾驶舱培训）进行更加真实的模拟训练等。这些创新模式将为学员提供更加优质的学习体验和服务。

国际化发展趋势加剧：随着低空经济的不断发展，国内低空经济教育培训产业的国际化发展趋势也将不断加剧。更多国际培训机构可能将进入国内低空经济这一新兴市场，国外一些私人飞行俱乐部、培训机构在这一领域有相对成熟的经验和资本运营模式。这些机构将在国内拓展相关课程的销售网络，推动服务产品的布局，这也将进一步助推国内低空市场的完善和升级。

低空经济教育培训产业作为一个新兴的经济形态，已经展现出了蓬勃发展的态势和广阔的市场前景。未来，随着技术的不断进步和市场的不断拓展，该产业将迎来更加广阔的发展空间和机遇。同时，相关从业机构要不断加强自身的建设和发展、提高行业监管门槛，以提高教学质量和服务水平，为低空经济领域培养更多的专业人才，为推动产业的快速发展做出更大的贡献。

第6章 航空器适航以及适航审定

随着科技的不断进步,各类新式低空航空器如雨后春笋般涌现,例如 eVTOL、eSTOL、中大型无人航空器等。然而,一种新型航空器在投入商业运营之前,必须通过严格的适航审定。本章将对适航、适航审定进行系统阐述。

6.1 什么是适航与适航审定

6.1.1 什么是适航

适航是航空器的一种固有属性,指航空器(包括其部件和子系统,例如螺旋桨、发动机、机载设备等)在预期运行环境和使用限制下的安全性和物理完整性。它要求航空器应始终处于符合其型号设计和安全运行状态。适航的目的是保证飞行安全、维护公众利益、促进行业发展。

适航这一概念在海上运输和民用航空领域均有应用,但在具体内容和要求上,两者有所不同。在海上运输中,适航指的是船东或承运人有提供能够对抗海上危险的船舶和船员的义务,它涵盖了船体本身、船上人员以及载货处所等多个方面。在民用航空领域,适航则更专注于航空器本身的适航性，即航空器在预期环境中的安全飞行能力。

6.1.2　什么是适航审定

适航审定是中国民用航空局适航审定司在民用航空器投入市场运营前对其安全性进行评估的若干监督检查工作的总称。这项工作的重要性不言而喻，因为它直接关系到航空器的安全性和可靠性。适航审定包括三个主要内容：型号合格审定（TC）、生产许可审定（PC）和单机适航审定。

型号合格审定：是用于证明民用航空产品（航空器，发动机和螺旋桨）符合相应的适航规章以及环境保护要求的证件。取得型号合格证的民用航空产品意味着中国民用航空局认可其设计已经符合相应的适航标准，是航空器投入生产和使用的前提条件。[6]

生产许可审定：当民用航空产品取得型号合格证后，在批量生产前，适航当局需要对航空产品的制造商进行生产许可审定，以保证批量生产出来的产品能够符合批准的设计要求。当航空产品制造商通过生产许可审定后，中国民用航空局将通过颁发生产许可证的形式来批准其对该产品进行量产。[6]

单机适航审定：是在航空器设计得到批准和生产线得到批准之后，对即将交付的单机航空器是否"适航"进行评估和审查。通过单机适航审定后，该航空器将获得标准适航证。图6.1说明了标准适航证的申请流程，表6.1给出了申请所需的资料。

适航审定的目的是确保每一架飞机都能达到安全标准，从而保护乘客的生命安全，维护航空业的健康发展。适航审定工作涵盖了从设计到生产的全过程，每个环节都至关重要。只有通过严格的适航审定，航空器才能被批准进入市场，为乘客提供安全的飞行体验。

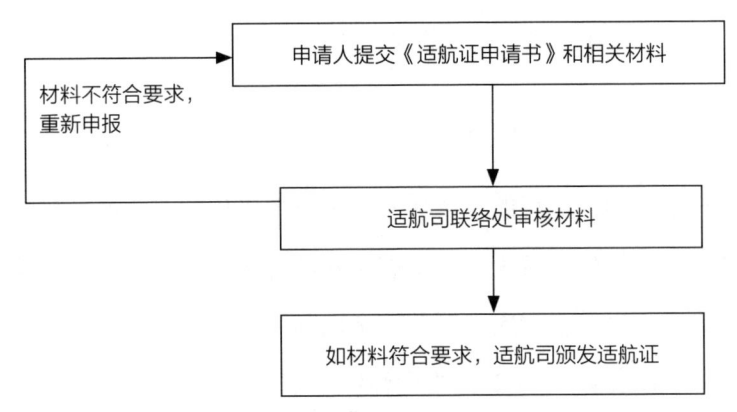

```
申请人提交《适航证申请书》和相关材料
         ↓
材料不符合要求,  适航司联络处审核材料
重新申报         ↓
         如材料符合要求,适航司颁发适航证
```

图 6.1　标准适航证的申请流程

表 6.1　标准适航证申请所需的资料

所需材料	说明
适航证申请书	AAC-018（03/2002）申请书需由法人或授权人签字,并由适航监察员签署适航检查结论
航空器设计批准	TC/VTC 或 TDA
航空器制造批准	PC
构型差异说明	与 TC 或 VTC 差异情况的说明
运行设备符合性声明	仅适用于公共运输企业
民用航空器适航性评审和检查记录单	
民用航空器适航性评审和检查报告	
出口适航证	仅适用于从国外引进的航空器

6.2　适航审定流程

适航认证的流程通常包括以下几个步骤。

提交申请：航空器制造商或运营商向中国民用航空局提交适航认证申请，包括相关的设计、制造和性能数据。

审查和评估：中国民用航空局对提交的资料进行审查，评估航空器的安全性和适航性。这一过程包括现场检查、试验和验证等环节。

颁发适航证：如果航空器满足适航要求，中国民用航空局将颁发适航证，允许该航空器在规定的限制条件下飞行。

适航认证的具体要求涵盖多个方面，包括但不限于结构强度、系统集成、电气和电子设备、燃油系统、氧气系统、消防保护、紧急设备、飞行操纵和导航系统等。这些要求旨在确保航空器在各种条件下都能保持安全和可靠。

此外，适航认证还要求航空器制造商或运营商建立和维护一套有效的质量管理体系，以确保航空器的持续适航性。这包括定期的检查、维修和更新等程序，以确保航空器的性能和安全性始终符合适航标准。

6.3 eVTOL 适航认证进展

作为低空经济的新星，eVTOL 等新式飞行器在正式商业化运营之前需要完成适航认证。

目前，国内 eVTOL 的适航审定工作正处于积极探索和稳步推进的阶段。一方面，政府部门不断完善相关法规和标准，为 eVTOL 的适航审定提供政策支持和指导；另一方面，科研机构和企业也在积极投入研发力量，提升 eVTOL 的技术水平和安全性。

在具体进展方面，国内已有多家企业的 eVTOL 产品通过了型号合格审定，如亿航智能、峰飞航空等。同时，还有更多的企业，如沃极步耀、沃兰特、时的科技、御风未来、小鹏汇天、航天时代飞鹏等，他们的 eVTOL 产品已经提交了型号合格审定取证申请，正在等待审定结果。

值得一提的是，中国民用航空局在 eVTOL 适航审定方面也取得了显著进展。例如，中国民用航空局已经发布了关于沃飞长空 AE200-100 型电动垂直起降航空器型号合格审定项目的专用条件征求意见通知，这是国内首个面向有人驾驶 eVTOL 项目的专用条件，标志着国内 eVTOL 适航审定工作迈出了重要一步。

2023 年 10 月，中国民用航空局向亿航智能设备（广州）有限公司颁发 EH216-S 型无人驾驶航空器系统型号合格证。值得注意的是，这也是全球首个无人驾驶电动垂直起降航空器型号合格认证，标志着 EH216-S 的型号设计充分符合中国民用航空局的安全标准与适航要求，具备了无人驾驶航空器载人商业运营的资格。

尽管国内 eVTOL 适航审定工作取得了积极进展，但仍面临诸多挑战。首先，eVTOL 作为一种新式飞行器，其技术标准和安全要求尚不完善，尤其是城市低空空中交通管理的标准和规范，需要不断探索和完善；其次，适航审定过程中涉及的技术问题和法律风险也不容忽视。如何平衡技术创新和适航安全之间的关系也是一大难题。

然而，挑战与机遇并存。随着政府对低空经济的重视和市场对 eVTOL 的期待不断增加，国内 eVTOL 产业将迎来巨大的发展机遇。同时，适航审定工作的推进也将促进 eVTOL 技术的不断发展和创新。

本篇参考文献

[1] 朱晓辉，朱永文，王家隆.低空空域管理与飞行服务保障[M].北京：国防工业出版社，2022：38–39.

[2] 中国民用航空局空中交通管理局.低空飞行服务保障体系建设总体方案（民航发〔2018〕100号）[Z].2018.

[3] 廖小罕，屈文秋，徐晨晨，等.城市空中交通及其新型基础设施低空公共航路研究综述[J].航空学报，2023，44（24）：028521.

[4] 谢莹.低空飞行服务系统建设的思考——以飞行服务站建设为视角[J].民航管理，2022（00）：39–42.

[5] 新华社.深圳至珠海首次电动垂直起降航空器演示飞行完成[EB/OL].（2024-02-28）[2024-05-23].https://www.qhlingwang.com/edu/2024-02/28/content_500006008.html.

[6] 飞行邦.闲谈——初始适航管理[EB/OL].（2022-12-18）[2024-05-23].https://m.163.com/dy/article/HOS3L6H405503O4L.html.

第三篇

低空经济产业应用

第 7 章 低空产业应用

7.1 低空运输

低空物流作为一种新兴的物流运输模式，正在全球范围内快速发展并展现出巨大的潜力和广阔的应用前景。随着技术的不断突破和政策的支持，低空物流有望在未来成为物流行业的重要组成部分，从而推动相关产业链的协同发展。低空物流是指利用通用航空器、无人机、电动垂直起降器等低空飞行器，在城市及乡村的低空空域进行货物运输的新型物流方式。这一模式突破了传统地面物流的局限，具备快速响应、精准投递、灵活性高等特点，能够有效缓解地面交通拥堵压力，提升物流效率。

7.1.1 中大型无人机货运

在低空货运领域，大中型货运无人机发展趋势已呈现出技术创新与性能不断提升、智能化与自动化水平不断提高、应用场景持续拓展、法规与标准不断完善以及产业生态构建等特点。这些趋势将共同推动无人机产业的快速发展，为物流运输等领域带来巨大变革。

大中型货运无人机对物流产业的重要意义

大中型货运无人机的引入，极大地提升了物流运输的效率。无人机能够在空中直接飞行，避开地面交通拥堵，实现货物快速送达。特别是在紧急物资运输和跨城、跨省的长途运输中，无人机能够显著缩短运输时间，提高物流速度。同时，无人机的自动化操作减少了对人力的需求，降低了人力成本，并且相比传统运输方式，无人机在短途和特定航线上的能源消耗更低，进一步降低了运输成本。

传统物流运输在偏远地区或交通不便区域往往面临诸多困难，而大中型货运无人机能够轻松飞越这些地区，实现货物的及时送达。这不仅扩展了物流服务的覆盖范围，也为偏远地区的居民和企业提供了更加便捷、高效的物流服务。此外，通过精准的导航系统和自动化操作，无人机能够减少货物在运输过程中的损坏和丢失，提升服务质量和客户满意度。

大中型货运无人机的应用，推动了物流行业的数字化转型。无人机配送需要与智能路径规划系统、实时监测与调度系统、物联网技术等相结合，实现物流信息的实时传输和处理。这种数字化转型不仅提高了物流运作的智能化水平，也为物流企业提供了更加精准的数据支持，有助于优化物流流程、提升运营效率。

大中型货运无人机的发展现状

近年来，我国在大中型货运无人机领域取得了显著进展。多家国内企业纷纷投入研发力量，推出了一系列具有自主知识产权的货运无人机产品。这些无人机在载重能力、续航能力、自主导航等方面不断取得突破，逐步满足市场需求。

为了验证大中型货运无人机的可行性和效益，我国多地开展了无人机物流的试点项目。例如，2022年8月21日，顺丰速运有限公司（简称顺丰）联合航天时代电子科技有限公司打造的大型无人机飞鸿（FH-98）于宁夏起飞，抵达内蒙古目的地机场，标志着顺丰大型无人机基于业务场景的首次载货飞行成功。顺丰相关负责人表示，大型无人机在物流领域的投运可有效打通国内干线与支线的航空货运新通道,这将帮助解决偏远地区物流运输不便、运输效能低下等问题,助力乡村振兴。[1]

大中型货运无人机未来的发展趋势

未来大中型货运无人机的发展趋势将受到多方面因素的影响,包括技术进步、市场需求、政策法规以及产业生态的完善等。以下是对未来大中型货运无人机技术发展趋势的详细分析。

(1)技术创新与性能提升

随着传感器技术、通信技术和智能控制技术的不断进步,大中型货运无人机的飞行控制系统将更加精准、稳定,能够实现更复杂的飞行任务和更高效的航线规划。新能源技术,特别是电动和混合动力系统的应用,将提升无人机的续航能力,降低运营成本。同时,更高效、更轻量化的发动机也将被开发出来,以满足长途货运的需求。通过结构优化和材料创新,大中型货运无人机的载荷能力将得到进一步提升,能够携带更多、更重的货物,满足不同场景下的物流需求。

(2)智能化与自动化水平提高

未来的大中型货运无人机将具备更强的自主决策能力,能够根据实时数据和环境变化自动调整飞行状态和航线,提高运输效率和安全性。通过物联网技术和大数据分析,运营人员可以实现无人机的远程监控和故障诊断,降低维护成本,提高设备利用率。集成先进的智能调度系统,实现无人机与地面物流系统的无缝对接,优化物流网络,提升整体运输效率。

(3)应用场景拓展

干线与支线物流:大中型货运无人机将在干线与支线物流领域发挥重要作用,填补传统运输方式难以触及的空白区域,提高物流覆盖面和时效性。

特殊环境运输:在高原、山区、海岛等特殊环境下,无人机运输将展现出独特的优势,成为解决物资配送难题的有效手段。

应急救援：在自然灾害等紧急情况下，大中型货运无人机能够快速响应，将救援物资准确送达灾区，为应急救援工作提供有力支持。

（4）法规与标准完善

随着无人机行业的快速发展，各国政府和监管机构将不断完善飞行管理法规，为无人机的安全、有序运行提供法律保障。行业标准和规范的制定将推动无人机技术的标准化和规范化发展，促进不同品牌、不同型号无人机之间的互操作性和兼容性。中华人民共和国国家市场监督管理总局（国家标准化管理委员会）批准发布的《大型货运无人机系统通用要求》《民用大中型固定翼无人机系统地面站通用要求》《民用大中型固定翼无人机系统试飞风险科目实施要求》《民用大中型固定翼无人机系统自主能力飞行试验要求》4项标准将于2025年1月1日期施行，这将有助于加强行业对大中型货运无人机的监督和管理。

7.1.2 小型无人机终端配送

小型无人机物流终端配送的应用场景也在不断丰富，已逐步扩展到城市商圈、社区、医院等多元化场景。特别是在生鲜配送、医疗急救物资运输等领域，小型无人机凭借其高效、灵活的优势，有效解决了传统配送方式中的诸多痛点。

应用场景与案例分析

（1）农村及偏远地区配送

农村及偏远地区由于交通不便、人力成本高，传统物流配送面临诸多挑战。小型无人机通过构建短途航空物流网络，有效解决了这些问题。例如，顺丰、京东等电商巨头在农村地区试点无人机配送项目，实现了快递包裹的末端配送（图7.1）。这些项目不仅提高了配送效率，还降低了物流成本，为农村居民带来了实实在在的便利。

图 7.1　无人机末端配送

（2）城市商圈与社区配送

随着城市化的推进，城市商圈和社区成为物流配送的重要战场。小型无人机凭借其灵活性和高效性，在城市配送中展现出独特优势。特别是在高峰时段，地面交通拥堵严重，无人机可以通过直飞的方式避开拥堵路段，实现快速配送。例如，深圳等地已推出无人机物流服务，覆盖周边城市，实现了同城及跨城的高效配送。

（3）生鲜配送

生鲜产品对配送时效和保鲜要求极高，传统配送方式难以满足这些需求。小型无人机通过快速、直接的配送路径，有效缩短了生鲜产品的运输时间，减少了损耗。例如，顺丰无人机在深圳、苏州、无锡等地成功运输大闸蟹、樱桃等农产品，展现了无人机在生鲜配送领域的巨大潜力。

（4）医疗急救物资运输

时间就是生命，在医疗急救领域小型无人机能够快速响应急救需求，将急救物资快速送达患者手中。特别是在偏远地区或交通不便的山区，无人机配送能够显著提升急救效率，挽救更多生命。无人机配送急救药品和医疗设备已在一些地区进行试点，取得了显著成效。

技术创新

小型无人机物流终端配送市场的快速发展离不开技术的持续创新。当前，无人机技术正朝着小型化、微型化、长续航、网络集群化等方向发展。同时，无人机与人工智能、5G等技术的深度融合，进一步提升了无人机的智能化水平和配送效率。

（1）长续航技术

续航能力是制约无人机广泛应用的关键因素之一。当前，无人机企业正通过优化电池技术、采用太阳能充电等方式提升无人机的续航能力。长续航无人机能够在远距离内完成配送任务，进一步拓宽了无人机的应用场景。

（2）网络集群化

网络集群化技术能够实现多架无人机的协同作业，提高整体配送效率。通过构建无人机集群系统，可以实现任务的自动分配、路径规划、避障等功能，降低人工干预成本，提升配送精准度和安全性。

（3）智能化水平提升

无人机与人工智能、5G等技术的结合，使其具备了更高的智能化水平。通过集成先进的传感器技术、图像识别及路径规划算法，无人机能够在复杂环境中实现自主飞行、精准定位、安全避障。同时，5G技术的高速传输能力也为无人机提供了实时数据传输和远程控制的保障。

竞争格局与主要企业

当前，小型无人机物流终端配送市场呈现出多元化竞争格局。顺丰、京东、美团、大疆等头部企业凭借技术实力和市场布局占据领先地位，同时也有众多新兴企业不断涌入市场。

（1）顺丰

顺丰作为国内快递行业的领军企业，早在 2013 年就开始探索无人机配送技术。目前，顺丰已构建起"干线大型有人运输机 + 支线大型无人机 + 末端小型无人机"的三段式航空运输网络，实现了快递包裹的快速送达。顺丰无人机在深圳、无锡、苏州等地成功试点运营，取得了显著成效。

（2）京东

京东同样在无人机物流领域进行了深入布局。京东依托其强大的物流体系和技术实力，在农村及偏远地区试点无人机配送项目，有效解决了传统配送方式中的痛点。同时，京东还在不断探索无人机在城市配送中的应用场景，推动无人机物流的普及和发展。

（3）美团

美团作为即时配送领域的佼佼者，也在积极布局无人机配送市场。美团通过构建低空物流网络，实现了外卖等即时配送业务的快速响应和高效送达。美团无人机的出现不仅提升了配送效率，还为消费者带来了更加便捷的服务体验。

（4）大疆

大疆作为全球领先的无人机制造商之一，在无人机物流领域同样具有重要地位。大疆凭借其先进的技术实力和品牌影响力，为物流行业提供了多款高性能的无人机产品。这些产品广泛应用于快递末端配送、医疗急救物资运输等多个领域，为无人机物流的发展注入了强劲动力。

小型无人机物流终端配送市场虽然前景广阔，但仍面临诸多挑战和不确定性。未来，随着技术的不断进步和政策的持续完善，无人机物流市场有望迎来更加广阔的发展空间。

7.1.3　通用航空危险品货运

中国民用航空局于 2024 年 6 月 25 日发布了《通用航空危险品运输管理办法（征求意见稿）》，对于规范我国通用航空（不含无人机运营企业）危险品运输活动，提升通用航空领域危险品管理系统性，确保通用航空尤其是通用航空货物运输又好又快发展有重大意义，这是对通用航空货运发展的一个重大利好政策。

从业务上来分析，通用航空与公共航空及陆路危险品运输相比各有特点，本章节对通用航空在危险品运输方面相对于公共航空、陆路危险品运输可能具备的优势进行了简要分析，通过分析来梳理未来通用航空的产业发展趋势。

通用航空危险品运输与公共航空运输比较优势分析

（1）灵活性与定制化服务

灵活性强：通用航空以其高度的灵活性著称，能够在多种复杂环境和条件下执行飞行任务。对于危险品运输，这种灵活性尤为重要。通用航空飞机可以根据具体需求选择起降点，不受大型机场繁忙时刻和航线的限制，能够快速响应突发情况或特殊需求，为危险品运输提供更为便捷的服务。

定制化服务：由于通用航空服务往往针对特定客户或项目，因此能够提供更加个性化的危险品运输方案。这包括根据危险品的种类、数量、包装要求以及目的地等因素，定制专属的运输流程和安全措施，确保危险品在运输过程中的绝对安全。

（2）成本效益分析

成本优势：相较于公共航空，通用航空在危险品运输上的成本可能更具竞争力。特别是对于小批量、高价值的危险品，通用航空能够有效降低公共航空运输的成本，同时也能提升运输企业的经营效率。此外，通用航空还能通过优化飞行路线和起降点选择，进一步降低运输成本。

时间效益：虽然公共航空在长途运输上具备速度优势，但在短途或特定区域的危险品运输中，通用航空更具时间效率。通用航空飞机能够直接飞往目的地或附近机场，减少中转环节和等待时间，确保危险品能够迅速到达目的地。

（3）安全与合规性

无论是通用航空还是公共航空，在危险品运输方面都必须遵守严格的安全标准和法规要求。通用航空运营商同样需要经过严格的资质审核和安全评估，确保具备危险品运输的资格和能力。在运输过程中，通用航空也会采取一系列安全措施，如特殊的包装要求、严格的装卸程序和专业的应急处理预案等，以确保危险品的安全运输。

通用航空在危险品运输合规性方面也具有优势。由于服务更加个性化，通用航空运营商可以根据具体危险品的特点和运输要求，定制符合当地和国家法规的合规方案。这有助于减少因不符合法规而产生的延误和罚款等风险。

（4）应急响应与特殊任务

在自然灾害、事故救援等紧急情况下，通用航空能够迅速调集资源执行危险品运输任务。其灵活的起降能力和快速响应机制，使得通用航空成为执行紧急危险品运输的首选方式。例如，在化学品泄漏事故中，通用航空可以快速将必要的救援物资和危险品处理设备运送到现场，为救援工作提供有力支持。

除了紧急救援任务，通用航空还能执行一些特殊的危险品运输任务。例如，在偏远地区或难以到达的地点进行危险品运输时，通用航空飞机能够克服地形和气候等自然条件的限制，确保危险品能够安全送达目的地。此外，在军事或科研等特殊领域中，通用航空也扮演着重要的角色，为危险品运输提供安全可靠的保障。

（5）技术与创新

随着科技的发展和创新能力的提升，通用航空在危险品运输方面也引入了更多的先进技术和设备。例如，采用eVTOL/eSTOL进行短途危险品运输，结合利用智能传感器监测危险品状态等技术，不仅提高了运输效率和安全性，还降低了机场保障成本。这些技术创新为通用航空在危险品运输领域的发展提供了强有力的支持。

通用航空运营商还在积极探索数字化和智能化转型的路径。通过建立危险品运输管理系统、实现运输过程的实时监控和数据分析等功能，通用航空能够进一步提高危险品运输的安全性和效率。同时，数字化和智能化技术的应用还有助于优化运输流程、降低运营成本并提高客户满意度。

（6）市场与客户需求

市场需求多样化：随着全球贸易和工业的发展，危险品运输市场呈现出多样化的需求特点。不同行业、不同领域对于危险品运输的需求各不相同，而通用航空凭借其灵活性和定制化服务的优势，能够更好地满足这些多样化的需求。例如，在医疗、锂电池运输、化工、科研等领域，通用航空能够提供专业的危险品运输解决方案，满足客户的特定需求。

客户需求升级：随着客户对危险品运输安全和质量要求的不断提高，通用航空运营商也在不断升级服务品质和技术水平。通过引入更先进的飞机型号、提升飞行员和地面操作人员的专业素质、加强安全管理等措施，通用航空能够为客户提供更加安全、高效、可靠的危险品运输服务。

通用航空危险品运输与陆路运输比较优势分析

通用航空危险品运输相比陆运（主要指公路运输）在多个方面展现出显著的优势。以下是对这些优势的详细分析。

（1）运送速度快，时效性高

通用航空危险品运输的最大优势在于其快速的运送速度。飞机作为目前最快捷的交通运输工具之一，其经济巡航速度大都在850~900千米/小时，这使危险品能够迅速到达目的地。对于时效性要求极高的物品，如某些时效性要求极高的化学试剂或急需的医疗救援物资、锂电池等，航空运输能够大幅缩短运输时间，减少货物在途中的风险。相比之下，陆运虽然灵活性强，但在长距离运输上速度较慢，难以满足对时间要求极高的危险品运输需求。

（2）安全性较高，风险相对较低

航空运输在安全性方面也具有显著优势。与其他运输方式相比，航空运输的安全性较高，风险相对较低。这得益于航空公司严格的运输管理制度、先进的飞行技术和完善的地面保障措施。在危险品运输过程中，航空公司会采取一系列严格的安全措施，确保危险品在运输过程中的安全稳定。相比之下，陆运虽然灵活性高，但在安全性方面存在一定的隐患，如交通事故、路况不佳等因素都可能增加危险品运输的风险。

（3）减少中间环节，提高效率

通用航空危险品运输能够减少中间环节，提高运输效率。在航空运输中，危险品可以直接从始发地机场运往目的地机场，无须经过多次中转和装卸过程。这不仅可以减少货物在途中的损失和损坏风险，还可以节省运输时间和成本。而陆运在长途运输中往往需要经过多个中转站和装卸点，这不仅增加了运输时间和成本，还可能增加货物损坏的风险。若采用eVTOL或eSTOL运输，减少了对于机场地面保障的要求，完全可以达到点对点运输的需求。

（4）适应性强，满足特殊需求

通用航空危险品运输具有较强的适应性，能够满足特殊需求。例如，在自然灾害、突发事件等紧急情况下，航空运输能够迅速响应需求，将救援物资（例如批量运输氧气瓶/罐、酒精等医疗物资）和人员快速送达灾区。此外，对于一些偏远地区或交通不便的地方，航空运输也是唯一可行的运输方式。相比之下，陆运在应对紧急情况或特殊需求时显得较为被动。

（5）数字化和智能化提升运输效率与安全性

近年来，随着数字化和智能化技术的不断发展，通用航空危险品运输也在不断提升其运输效率与安全性。例如，国际航协推出的危险品智能化收运检查工具（DG AutoCheck）利用先进的规则引擎技术帮助航空公司、货运代理等组织自动验证危险品托运声明内容，确保其合规性[2]。此外，国际航协还发布了危险品航空运输合规解决方案，可自动将数据从危险品智能化收运检查工具传输至航空货运价值链上的其他部分，如仓库管理，增强了危险品运输的自动化处理能力。这些数字化和智能化工具的应用不仅提高了危险品运输的效率和准确性，还降低了人为错误的风险，进一步提升了运输的安全性。

然而，值得注意的是，这些优势并非绝对存在，而是需要根据具体业务情境和需求进行权衡和选择，并且通用航空也面临诸如轨道交通、公路运输的竞争。

未来，随着科技的不断进步和市场的不断发展，通用航空在危险品运输领域将继续发挥其独特优势，为客户提供更加优质、高效、安全的服务。同时，通用航空运营商也需要不断提升自身实力和服务水平，以应对日益激烈的市场竞争和变化的客户需求。通过加强技术创新、优化管理流程、提升服务质量等措施，通用航空将在危险品运输领域实现更加广阔的发展前景。

7.2 空中集群表演

无人机空中集群表演，作为近年来兴起的一种新兴娱乐形式，不仅融合了高科技与艺术美感，还逐渐在多个领域展现出其独特的商业价值和社会影响力。无人机技术的快速发展为空中集群表演提供了坚实的基础。随着无人机自主飞行、编队控制、灯光控制等技术的日益成熟，无人机集群表演逐渐从概念走向现实，并在全球范围内受到广泛关注。尤其是在大型庆典、商业推广、文旅活动等场合，无人机空中集群表演以其独特的视觉效果和震撼力，成为吸引人们眼球的新宠。本章节将从技术特点、市场现状、发展趋势、主要企业、应用前景以及面临的挑战等多个维度，对无人机空中集群表演行业进行全面分析和阐述。

7.2.1 无人机空中表演的技术特点

飞行控制系统

飞行控制系统构成了无人机空中集群表演的核心。该系统利用传感器收集无人机的速度、姿态、位置等关键数据，并通过先进的算法实时调整无人机的飞行状态，以确保编队飞行的稳定性和精确性。技术要点包括以下几方面。

姿态控制：确保无人机在飞行过程中能够保持稳定，不受外界干扰。

速度调节：根据表演需求，实时调整无人机的飞行速度，以实现流畅的编队变换。

位置追踪：通过 GPS、视觉定位等多种方式，确保无人机能够准确追踪到预设的飞行轨迹。

定位与导航技术

高精度的定位与导航技术是无人机空中集群表演成功的关键。无人机需要准确知道自己的位置，并按照预设的轨迹进行飞行，以避免碰撞并保持队形的整齐。技术要点包括以下几方面。

GPS 定位：利用全球卫星定位系统确定无人机的精确位置。

视觉定位：结合机载摄像头和计算机视觉技术，实现更精确的局部定位。

差分 GPS（RTK-GPS）：在复杂环境下，通过差分技术进一步提高定位精度。

通信与数据传输

无人机空中集群表演需要多台无人机协同作业，因此通信与数据传输技术至关重要。通过可靠的通信链路，地面控制站可以与无人机实时交换数据，确保表演过程中的同步和协调。技术要点包括以下几方面。

无线通信技术：使用无线电波、Wi-Fi 等无线通信技术实现无人机与地面控制站之间的数据交换。

时间同步协议：确保所有无人机能够在同一时刻执行相同的动作，实现完美的编队表演。

冗余通信链路：为了防止通信中断导致的事故，通常会设置冗余通信链路以提高系统的可靠性。

编程与设计

无人机空中集群表演需要经过精心的编程与设计。编程人员会根据表演需求，为无人机编写相应的飞行程序，包括起飞、飞行、变换队形、展示图案等各个环节。同时，设计师还会根据活动的主题和氛围，设计出独具特色的表演方案。技术要点包括以下几方面。

飞行程序编写：通过编程控制无人机的飞行轨迹和动作，确保表演的精确性和流畅性。

表演方案设计：结合灯光、音效等元素，设计出具有视觉冲击力和艺术感染力的表演方案。

仿真测试：在表演前进行仿真测试，检查无人机的控制程序和动作是否满足要求，并进行必要的调整和优化。

安全性与稳定性

无人机空中集群表演的安全性和稳定性是表演成功的保障。为了确保无人机在表演过程中不发生碰撞或失控等事故，需要采取一系列安全措施和稳定性控制策略。技术要点包括以下三点。

防撞措施：通过航路规划、避障算法等技术手段，避免无人机之间的碰撞。

自动返航与紧急着陆：为无人机设置自动返航和紧急着陆功能，以应对突发情况。

稳定性控制：通过优化飞行控制系统和传感器调校等手段，提高无人机的飞行稳定性。

7.2.2 无人机空中表演的市场现状及行业发展趋势

据相关调研数据显示，全球无人机灯光秀市场规模在持续增长。2022年其市场规模达到了2.19亿美元，预计2029年将达到10.65亿美元，2023—2029年期间年复合增长率（CAGR）为25.3%[3]。中国市场在过去几年变化较快，已成为全球无人机灯光秀市场的重要增长极。无人机空中集群表演作为一种新兴娱乐形式以其独特的视觉效果和震撼力赢得了广泛关注和应用。随着技术的不断成熟和应用场景的拓展，无人机空中集群表演行业将迎来更加广阔的发展空间和商业机遇。

细分市场拓展

（1）文旅景区

文旅景区是无人机空中集群表演的重要应用场景之一。通过无人机编队表演和灯光秀等形式可以吸引更多游客关注，从而提升景区知名度和吸引力。同时无人机表演还可以与景区特色文化、自然景观等元素相结合，打造出独具特色的旅游体验项目。

（2）商业推广

商业推广是无人机空中集群表演的另一个重要应用领域。企业可以通过无人机表演展示品牌形象、宣传产品特色或营造活动氛围，吸引目标客户群体的关注和参与。这种新颖的宣传方式不仅能够提升品牌知名度和美誉度，还能够促进产品销售和市场拓展。

（3）个人消费场景

随着无人机技术的普及和应用成本的降低，越来越多的个人开始尝试使用无人机进行个性化表演如求婚、生日秀等场景项目。这种个性化的表演方式不仅能够满足人们的个性化需求，还能够为生活增添更多乐趣和惊喜。

行业发展趋势

（1）智能化与自主化

未来无人机将更加智能化和自主化。随着人工智能、大数据等技术的不断应用，无人机将具备更强的环境感知、目标识别和任务执行能力。这将使无人机空中集群表演更加精准、高效和安全，进一步提升观众的观赏体验。

（2）集群化与协同化

无人机集群技术的发展将进一步推动空中集群表演的普及和应用。通过无人机间的密切协作和智能调度，可以实现更大规模、更复杂多变的表演效果。同时，集群系统的高鲁棒性和自愈能力也将确保表演的稳定性和可靠性。

（3）多元化与个性化

随着市场需求的不断变化和升级，无人机空中集群表演将呈现出更加多元化和个性化的特点。企业可以根据客户需求定制不同的表演方案和内容，如结合音乐、舞蹈、灯光等元素进行创意设计，或者根据场地、环境等因素进行灵活调整和优化布局。这将使无人机空中集群表演更加贴近市场需求和观众喜好。

然而，该行业也面临着安全问题、法规限制和市场竞争等挑战，需要企业不断加强技术研发和安全管理，提高服务水平和创新能力，以应对市场变化和挑战。展望未来，随着无人机技术的不断发展和应用范围的扩大，无人机空中集群表演将在更多领域发挥独特作用，为人们的生活带来更多惊喜和便利。

7.2.3 竞争格局与主要企业

目前，全球无人机空中集群表演市场呈现出竞争激烈且集中度较高的态势。国内市场上，深圳高巨创新、深圳大漠大智控、广州亿航智能和天津一飞智控等行业内的龙头企业占据了大部分市场份额。这些企业在无人机技术、编队控制、灯光秀表演等方面具备较强实力，能够为客户提供高质量的表演服务。

7.3 无人机测绘

无人机技术作为现代测绘领域的一项重要革新，正逐步改变着传统测绘的作业方式和效率。通过搭载高清相机、激光雷达、多光谱传感器等高精度测量设备，无人机能够快速、全面地获取目标区域的地理信息，为城市规划、环境保护、农业监测、地质勘探等多个领域提供了强有力的数据支持。

7.3.1 什么是测绘

测绘是指对自然地理要素或者地表人工设施的形状、大小、空间位置及其属性等进行测定、采集、表述，以及对获取的数据、信息、成果进行处理并绘制成图的活动。测绘学是研究测定和推算地面点的几何位置、地球形状及地球重力场，据此测量地球表面自然形状和人工设施的几何分布，并结合某些社会信息和自然信息的地理分布，编制全球和局部地区各种比例尺的地图和专题地图的理论和技术学科。测绘学又称测量学，它包括测量和制图两项主要内容。

测绘的主要内容和目的

测绘的基本工作主要包括测量和制图两个方面。

测量：用一定的方法和仪器，对地面或其他物体进行测量，获取其准确的位置、形状和大小等数据。常见的测量方法有全站仪测量、卫星定位测量等。

制图：根据测量获得的数据，通过图形表达的形式，将观测到的地物信息有机地组织起来，形成地图或其他形式的空间数据模型。制图是测绘的产物，用于直观地展示地表的地理特征和空间信息，为人们提供准确、直观的地理参考。

测绘的主要目的是为工程建设、规划设计和行政管理提供基础数据和地图支持。在城乡建设规划、国土资源利用、环境保护等工作中，测绘工作必不可少。通过测绘，可以获取精确的地形和地貌信息，为规划和设计提供参考。在资源管理和环境保护中，测绘有助于评估土地利用状况、监测环境质量、分析资源分布等。

测绘的技术核心

测绘以计算机技术、光电技术、网络通信技术、空间科学、信息科学为基础，以全球导航卫星定位系统（GNSS）、遥感（RS）、地理信息系统（GIS）为技术核心。这些现代测绘技术的应用，极大地提高了测绘的精度和效率，使得测绘成果更加丰富和多样化。

测绘的法规与管理

我国对测绘行业实行严格的准入和资质管理制度。相关法律法规如

《中华人民共和国测绘法》《注册测绘师制度暂行规定》等，对测绘资质、测绘活动、测绘成果管理等方面做出了明确规定。这些法规的实施，对于维护我国地理信息安全、提高测绘成果公信力、维护公共利益、加强涉外地理信息安全监管具有重要意义。

7.3.2 无人机测绘应用

无人机测绘技术主要基于无人机平台搭载各类遥感传感器，通过遥控或自主飞行的方式，快速获取地面目标信息。无人机测绘遥感系统主要包括无人机平台、遥感传感器、控制系统和数据传输设备等部分。

无人机平台：无人机平台是测绘任务的基础，其选择应根据任务需求和作业环境来确定。常见的无人机类型包括固定翼无人机、旋翼无人机和无人飞艇等。固定翼无人机适合大面积、长距离的测绘任务，旋翼无人机则更适合低空、复杂地形的测绘作业。

遥感传感器：遥感传感器是完成无人机测绘的核心部件，其性能直接影响到获取数据的质量和应用范围。根据获取数据方式的不同，遥感传感器可分为可见光相机、红外相机、激光雷达、多光谱相机等。高分辨率相机可以实现厘米级甚至毫米级的地面分辨率，为精细测绘提供了可能；激光雷达则能够直接获取地表的三维点云数据，用于构建高精度的数字高程模型；多光谱相机则可以获取地物的光谱信息，用于植被分类、水体监测等。

控制系统：控制系统负责无人机的飞行控制和任务调度。现代无人机测绘系统通常配备有先进的自动驾驶系统和避障系统，能够自动规划飞行路线、调整飞行高度和速度，确保测绘任务的顺利完成。

数据传输设备：数据传输设备负责将无人机获取的遥感数据实时传输至地面站进行处理。随着5G、云计算等技术的发展，数据传输速度和效率将得到进一步提升，使得无人机测绘的数据处理和分析更加快速和便捷。

无人机测绘的优势

相比传统测绘方式，无人机测绘具有显著的优势，主要体现在以下几个方面。

（1）高效性

无人机测绘能够快速获取测绘区域的影像和数据，大大提高了测绘效率。无人机可以在短时间内覆盖大面积区域，完成传统测绘需要数天甚至数周的工作量。这不仅节省了时间成本，还加快了项目进度。

（2）高精度

无人机测绘采用了先进的遥感技术和图像处理技术，能够获取高精度的测绘数据。高分辨率相机和激光雷达等传感器能够捕捉到地表的微小细节和三维形态，生成高精度的数字地面模型和三维实景模型。这些数据为后续的应用提供了可靠的基础。

（3）安全性

无人机测绘无须人工实地测量，避免了在复杂地形或恶劣环境下的安全风险。无人机可以在人难以到达或危险的地方进行测绘作业，如高山、峡谷、沼泽等。同时，无人机操作简便，能够减少人为因素对测绘结果的影响。

（4）灵活性

无人机测绘不受地形和天气条件的限制，能够在各种复杂环境下进行测绘。无人机可以根据实际需求进行定制化的飞行路线和高度设置，满足不同的测绘需求。此外，无人机还可以搭载多种传感器和设备，实现多源数据的综合采集和分析。

（5）低成本

相比传统的测绘方式，无人机测绘所需的设备和人力成本较低。虽然无人机及其挂载设备本身价格不菲，但由于无人机测绘的高效率，可以缩短项目周期，进一步降低项目成本。同时，无人机测绘减少了人工实地测量的需求，降低了人力成本。

7.3.3 无人机测绘的未来发展趋势

随着科技的不断进步和应用推广，无人机测绘技术将继续保持快速发展的态势，并呈现出以下几个发展趋势。

智能化和自动化

未来无人机测绘系统将更加智能化和自动化。通过集成人工智能、机器学习等先进技术，无人机将能够自主完成飞行控制、数据采集和处理等任务。无人机将能够实时分析测绘数据并生成高质量的地理信息产品供用户使用。

高精度和高分辨率

随着传感器技术的不断进步和完善，无人机测绘成果的精度和分辨率将不断提高。高分辨率相机和激光雷达等传感器能够捕捉到地表更加微小的细节和三维形态，生成更高精度的数字地面模型和三维实景模型。

集成化和网络化

未来的无人机测绘系统将更加集成化和网络化。不同的无人机测绘系统和平台将实现互联互通和数据共享，形成一体化的地理信息服务体系。用户可以通过网络随时随地获取所需的地理信息数据，实现地理信息的共享和利用效率最大化。

多源数据融合

无人机测绘将更加注重多源数据的融合和应用。无人机可以搭载多种传感器和设备，获取不同类型的地理信息数据，如可见光影像、红外影像、雷达数据等。这些数据可以通过多源数据融合技术进行综合处理和分析，提高数据的丰富度和准确性。

低成本和普及化

随着无人机技术的不断成熟和成本的不断降低，无人机测绘将更加普及化。未来将有更多的领域和行业采用无人机测绘技术获取所需的地理信息数据。同时无人机测绘设备的成本也将进一步降低，使得更多的小型企业和个人用户能够承担得起无人机测绘的费用。

无人机测绘技术作为现代测绘领域的一项重要革新正逐步改变着传统测绘的作业方式和效率。随着科技的不断进步和应用推广，无人机测绘技术将在更多领域发挥更大的作用，为人类社会提供更加精准、高效和便捷的地理信息服务。

第 8 章 城市级产业应用

8.1 eVTOL 载人运输

eVTOL 作为未来低空经济的重要组成部分，正逐步成为全球航空业关注的焦点。其全产业链涵盖了从上游原材料与核心零部件供应，到中游整机研发与制造，再到下游运营服务与市场推广的各个环节。

8.1.1 什么是 eVTOL

eVTOL，即电动垂直起降飞行器（英文全称 Electric Vertical Take-off and Landing），是一种以电力为主要动力来源，具备垂直起降能力的飞行器，被视为未来低空经济的重要载体和城市空中交通的革新途径。eVTOL 不仅能够垂直起降，无须跑道或直升机坪，而且能够在空中灵活穿梭，有效缓解地面交通拥堵问题，提升出行效率[4]。

eVTOL 作为一种革命性的交通工具，其应用前景十分广阔。在城市空中交通领域，eVTOL 可以有效解决地面交通拥堵问题，提高出行效率；在旅游业领域，eVTOL 可以打造低空观光、海岛飞行等旅游新业态；在医疗服务领域，eVTOL 的出色航速与载荷能力使其适用于医疗急救、器官移植等场景；在物流领域，载货型 eVTOL 可以用于低空物流、末端配送等场景，有效缓解城市物流压力。此外，eVTOL 还可以广泛应用于消防灭火、应急救援、农林植保、地理测绘等公共服务领域。

随着技术的不断进步和市场的不断扩大，eVTOL 有望在未来成为一种更加普及和便捷的交通工具。然而，要实现这一目标还需要克服一系列技术挑战和市场障碍，包括提高电池性能、优化动力系统、完善适航审定标准、探索可行的商业模式等。同时，政府和社会各界的支持和引导也将对 eVTOL 技术的发展和应用起到关键作用。

8.1.2 eVTOL 的核心技术要点

全电/混合动力技术

eVTOL 的核心技术之一是其全电或混合动力系统。与传统的燃油飞行器相比，eVTOL 使用全电或混合动力系统，显著减少了对化石燃料的依赖，降低了碳排放量，符合全球环保要求。这种动力系统的优势在于其清洁、高效且易于维护。随着电池技术的不断进步，eVTOL 的续航能力和动力性能也在逐步提升，为其广泛应用奠定了基础。

垂直起降能力

垂直起降是 eVTOL 的显著特点之一。通过分布在机身不同位置的多个电动发动机驱动旋翼或倾转旋翼，eVTOL 能够在有限的空间内实现垂直起降，无须长跑道或固定起降设施。这种能力使得 eVTOL 能够灵活部署在城市内部、海岛、山区等多种复杂环境中，极大提高了其适用性和便捷性。

分布式推进

分布式推进是 eVTOL 实现稳定飞行和灵活操控的关键技术。与传统的单发动机或双发动机飞行器不同，eVTOL 采用多个电动发动机分布在机身的不同位置，共同提供推进力。这种设计不仅提高了飞行器的稳定性和安全性，还使得 eVTOL 能够在复杂的气象条件和飞行姿态下保持出色的可操控性能。

多样化的构型设计

eVTOL 的构型设计多种多样，主要可分为多旋翼构型、复合翼构型、倾转翼构型和倾转涵道型四大类。每种构型都有其独特的优势和局限性，适用于不同的应用场景和需求。例如，多旋翼构型设计简单、稳定性强，适合在城市内部和复杂环境中灵活部署；复合翼构型结合了垂直起降和水平巡航的能力，提高了飞行效率和安全性；倾转翼构型在速度和航程上具有显著优势，但机械设计较为复杂；倾转涵道型则在动力可靠性、噪声控制和气动效率等方面实现了更好的平衡。

航空级电池技术

航空级电池技术是限制 eVTOL 发展的核心技术因素之一。由于空中交通的特殊性，eVTOL 对电池的能量密度、功率性能、安全性、充电速度以及复杂环境下的稳定性等要求极为严苛。因此，开发高性能的航空级电池成为推动 eVTOL 技术发展的关键。目前，一些领先的电池制造商正在积极研发适用于 eVTOL 的高能量密度、高功率、快速充电、高安全性的电池产品，以满足 eVTOL 的飞行需求。

智能化与自动驾驶

随着人工智能和自动驾驶技术的快速发展，eVTOL 正逐步向智能化和自动化方向迈进。智能化的 eVTOL 不仅能够实现自主导航、避障和降落等功能，还能够通过大数据分析优化飞行路线和能源管理策略，提高飞行效率和安全性。此外，智能化的 eVTOL 还能够提供更加个性化的服务体验，如根据乘客的偏好调整飞行速度、高度和温度等参数。

8.1.3 全产业链分析

上游：原材料与核心零部件

（1）原材料

eVTOL 的构造高度依赖高性能材料，主要包括碳纤维复合材料、铝合金、钛合金等。这些材料具有轻质、高强度、耐腐蚀等特性，为 eVTOL 提供了优异的结构性能和飞行效率。

碳纤维复合材料：碳纤维复合材料在 eVTOL 中的应用尤为广泛，主要用于机体结构、旋翼叶片等关键部件。其轻质、高强度等特性显著提升了飞行器的载荷能力和续航能力。相关数据显示，eVTOL 中约 70% 的材料为复合材料，其中碳纤维复合材料占比达 90% 以上。随着 eVTOL 市场的增长，碳纤维材料的需求量也将大幅增加。

铝合金与钛合金：这两种材料在航空领域有着悠久的应用历史，因其良好的机械性能和加工性能，在 eVTOL 的制造中同样占据重要地位。铝合金主要用于制造机身框架、蒙皮等部件，而钛合金则因其优异的耐高温、耐腐蚀性能，常用于发动机等高温部件。

（2）核心零部件

eVTOL 的核心零部件包括电池系统、动力系统、飞控系统、通信与导航系统等，这些系统共同构成了飞行器的"心脏"和"大脑"。

电池系统：电池系统是 eVTOL 动力来源的关键，其性能直接影响飞行器的续航能力和安全性。目前，锂离子电池因其较高的能量密度和相对较好的充放电性能，成为 eVTOL 电池系统的主流选择。随着飞行需求的不断提升，对电池系统的能量密度、功率密度、循环寿命等要求也在不断提高。

动力系统：动力系统为 eVTOL 提供必要的推力，其核心部件包括电机、电控单元等。分布式推进系统是 eVTOL 动力系统的典型代表，通过分布在机身不同位置的多个电机，共同提供推进力，实现 eVTOL 的稳定飞行和灵活操控。

飞控系统：飞控系统是 eVTOL 的大脑，负责飞行器的姿态控制、导航定位、避障等功能。随着自动驾驶技术的不断发展，eVTOL 的飞控系统正逐步向高度集成化、智能化方向发展。

通信与导航系统：通信与导航系统是 eVTOL 实现自主飞行和安全运行的重要保障。通过卫星导航、惯性导航、视觉导航等多种技术手段，eVTOL 能够在复杂环境中实现精准定位和稳定飞行。同时，高速、低延迟的通信系统也是保障飞行控制实时性和可靠性的关键。

中游：整机研发与制造

eVTOL 的整机研发与制造是产业链的核心环节，涉及飞行器的总体设计、系统集成、试飞验证等多个方面。

（1）总体设计

eVTOL 的总体设计需要综合考虑飞行性能、结构重量、成本效益等多个因素。设计师需要根据市场需求和技术水平，选择合适的构型设计（如多旋翼、复合翼、倾转翼等），并优化飞行器的气动布局、结构布局等，以确保飞行器的整体性能达到最优。

（2）系统集成

系统集成是 eVTOL 整机研发的关键环节。设计师需要将电池系统、动力系统、飞控系统、通信与导航系统等核心部件进行有机整合，确保各系统之间能够紧密协作，共同实现飞行器的稳定飞行和高效运行。同时，还需要对整机的重量、重心、平衡性等进行精确计算和调整，以确保飞行器的安全性和可靠性。

（3）试飞验证

试飞验证是 eVTOL 整机研发的重要步骤。通过试飞验证，可以全面检验飞行器的各项性能指标是否符合设计要求，发现并解决存在的问题。试飞验证通常包括地面测试、滑行测试、悬停测试、平飞测试等多个阶段，每个阶段都需要对飞行器的不同性能进行测试和评估。

下游：运营服务与市场推广

eVTOL 的下游产业链主要包括运营服务和市场推广两个方面。随着技术的不断成熟和市场的不断扩大，eVTOL 的运营服务和市场推广也将迎来新的发展机遇。

（1）运营服务

运营服务是 eVTOL 产业链的重要一环。运营商需要提供包括飞行审批、空域管理、飞行调度、维修保养等在内的全方位服务，确保飞行器的安全、高效运行。随着 eVTOL 市场的逐步成熟，运营服务也将向专业化、规模化方向发展。同时，为了提升用户体验和服务质量，运营商还需要不断探索新的商业模式和服务模式。

（2）市场推广

市场推广是 eVTOL 产业链的另一个重要环节。随着技术的不断成熟和市场的不断扩大，eVTOL 的市场推广也将面临新的机遇和挑战。市场推广需要针对不同的应用场景和目标用户群体，制定差异化的营销策略和推广方案。例如，在旅游领域，可以通过与旅游景区合作，推出空中观光等特色旅游项目；在物流领域，可以与快递公司合作，提供低空物流解决方案等。同时，还需要加强品牌建设和用户教育，提升公众对 eVTOL 的认知度和接受度。

8.1.4　eVTOL 在 UAM 的应用

eVTOL 的主要应用场景集中在城市空中交通，且在 UAM 中的应用场景是多元且广泛的。以下列举了 eVTOL 在 UAM 中的几个应用举例。

城市空中通勤

在城市交通日益拥堵的背景下，eVTOL 提供了一种全新的通勤方式。凭借其垂直起降和高效飞行的能力，eVTOL 能够大幅缩短通勤时间，提高出行效率。例如，对于像深圳至珠海这样的短途旅行（约 58 公里），采用 eVTOL 仅需 20 分钟即可到达，而地面交通则需要 2.5~3 小时。这种时间上的优势使 eVTOL 成为未来城市通勤的重要选择，有助于缓解地面交通压力，提升城市居民的生活质量。

旅游观光

eVTOL 还为旅游业带来了新的增长点。通过低空飞行，eVTOL 能够为游客提供独特的空中城市视角体验，让他们俯瞰城市美景，享受别样的旅游乐趣。这种新颖的旅游方式不仅丰富了旅游产品，还提升了旅游体验的质量，吸引了更多游客的关注。

应急救援与医疗服务

在灾害或事故现场，eVTOL 的快速响应能力使其成为紧急救援的理想工具。它能够迅速到达难以接触的地区，进行紧急救援和医疗服务。例如，在偏远地区或交通不便的地区，eVTOL 可以快速将医疗设备和人员运送到现场，提供及时的医疗援助。

物流运输

eVTOL 在物流领域的应用前景同样广阔。通过快速、灵活的空中运输方式，eVTOL 能够提高货物配送的速度和效率。尤其是在城市内部或交通拥堵的地区，eVTOL 可以避开地面交通的拥堵点，实现更快速、更可靠的货物配送。这对于电商、快递等行业具有巨大的吸引力。

警务治安

eVTOL 还可用于城市巡逻、交通管理、犯罪侦查等警务活动。通过高空的视角和高效的飞行能力，eVTOL 能够提高警务效率，增强城市安全防控能力。

eVTOL 在 UAM 中的应用场景涵盖了城市通勤、旅游观光、紧急救援、物流运输以及警务治安和国防军事等多个领域。这些应用场景共同展示了 eVTOL 在未来城市空中交通中的广阔应用前景和巨大潜力。

8.1.5 技术挑战与市场机遇

尽管 eVTOL 技术已经取得了显著进展，但仍面临诸多技术挑战。主要包括以下几个方面。

电池的能量密度、功率密度、循环寿命等性能仍需进一步提升，以满足 eVTOL 长续航、高功率的需求。

动力系统：分布式推进系统的优化设计、高效能电机的研发等仍需进一步突破。

飞控系统：高度集成化、智能化的飞控系统研发难度较大，需要解决多系统协同、复杂环境适应等问题。

适航审定：eVTOL 作为一种新型航空器，其适航审定标准和程序尚未完全建立，需要不断探索和完善。

尽管面临诸多技术挑战，但 eVTOL 市场仍蕴含着巨大的发展机遇。主要包括以下几个方面。

市场需求旺盛：随着城市化进程的加快和交通拥堵问题的日益严重，人们对高效、便捷的出行方式需求迫切。eVTOL 作为一种新型空中交通工具，能够满足人们的这一需求，具有广阔的市场前景。

政策支持力度大：各国政府高度重视低空经济的发展，纷纷出台相关政策支持 eVTOL 等新型航空器的研发和应用。政策支持为 eVTOL 产业的发展提供了有力保障。

产业链逐步完善：随着技术的不断成熟和市场的不断扩大，eVTOL 产业链各环节的企业数量不断增加，产业链逐步完善。这将有助于降低生产成本、提高生产效率，推动 eVTOL 产业的快速发展。

8.1.6　未来发展趋势与展望

随着技术的不断进步和创新，eVTOL 的性能将不断提升。未来，eVTOL 将向更高能量密度、更高功率密度、更长续航、更低噪声等方向发展。同时，自动驾驶技术的不断发展也将为 eVTOL 提供更加智能化、便捷化的飞行体验。

产业链协同发展

未来，eVTOL 产业链各环节将实现更加紧密的协同发展。上游原材料与核心零部件供应商将加强与整机制造商的合作与交流，共同推动技术创新和产业升级；中游整机制造商将加强与下游运营商的合作与对接，共同探索新的商业模式和服务模式；下游运营商将加强品牌建设和用户培训，提升公众对 eVTOL 的认知度和接受度。这种协同发展模式将有助于推动 eVTOL 产业的快速发展和广泛应用。

法规标准完善

随着 eVTOL 市场的不断扩大和应用场景的不断拓展，相关法规标准的制定和完善也将成为重要议题。未来，各国政府和相关机构将加强对 eVTOL 等新型航空器的监管和管理力度，制定更加完善的法规标准和适航审定程序。这将有助于保障 eVTOL 的安全性和可靠性，并推动其产业的健康有序发展。

随着技术的不断成熟和市场的不断扩大，eVTOL 产业将迎来新的发展机遇和挑战。未来需要各方共同努力，加强技术创新、拓展应用场景、完善法规标准并推动产业链协同发展，以实现 eVTOL 产业的健康有序发展，从而为人类社会创造更加便捷、高效的出行方式。

8.2 城市低空物流末端配送

随着科技的飞速发展和物流需求的日益增长，无人机物流配送作为一种新型物流方式，正在全球范围内迅速崛起。无人机物流配送以其快速高效、调度灵活、节约成本等优势，为解决"最后一公里"配送难题提供了新思路。本文从国内外发展现状、技术趋势、政策法规以及未来展望等方面，详细介绍城市无人机物流配送航线的发展情况。

8.2.1 产业现状

全球无人机物流配送航线发展情况

无人机物流配送在全球范围内已经得到了广泛的应用，特别是发达国家和地区。美国作为无人机技术的前沿国家，其无人机物流发展迅速。联邦航空管理局（FAA）对无人机法规的制定和实施，为无人机物流的发展提供了法规层面的保障。美国的无人机物流企业如谷歌母公司旗下的无人机配送初创公司 Wing 等，已经在配送服务上取得了重要进展。

欧洲市场同样竞争激烈，英国、法国和德国等国家在法规制定和无人机物流服务方面均有显著发展，企业如德国的物流公司 DHL 等已经在欧洲多个地区开展了无人机配送服务。

中国无人机物流配送航线发展情况

中国的无人机物流市场正在迅猛发展，以顺丰、京东和阿里巴巴为代表的快递和电商企业都在积极布局无人机配送服务。据称顺丰早在 2012 年就提出了无人机物流的构想，并在 2013 年开展载货试飞。截至目前，顺丰、美团、讯蚁、京东、苏宁、邮政、中通、圆通、菜鸟、韵达等平台纷纷布局无人机物流业务。

2024 年 4 月，大湾区首条跨海低空物流航线"深圳—中山"完成首飞，航线往返于深圳南山与中山小榄之间，航程70多公里，飞行45分钟左右。截至2023年年底，深圳累计开通无人机低空航线126条，建设无人机起降点89个。顺丰、美团、京东等快递物流龙头企业依托各自技术研发、客户资源、物流渠道、应用场景等优势，加速布局无人机配送业务，探索常态化、商业化运营新场景。

美团无人机业务依托美团平台流量资源和业务基础，布局无人机全产业链，构建了包括综合自主飞行无人机、自动化机场以及无人机调度系统在内的城市低空物流网络。2021年年初，美团无人机在深圳完成了首个面向真实用户的订单配送任务。同年11月，美团与上海市合作，正式启动了全国首个城市低空物流运营示范中心，并在2022年12月于上海市金山区开通了常态化航线。截至2024年6月底，美团无人机已在上海、深圳、广州等城市开通31条航线，完成超30万个订单。

京东在低空物流方面，依托其强大的物流网络体系，聚焦于三大类无人机物流配送应用方向进行试点：一是快递物流最后一公里配送，二是城市即时配送（C2C方向），三是商超配送（B2C方向）。在产品方面，京东物流无人机重点产品有JDX-500"京蜓"自转旋翼物流无人机和JDX-50"京燕"多旋翼无人机两大系列。其中，"京蜓"系列目前主要进行适航取证及相关航线飞行测试；"京燕"系列末端配送无人机目前已量产。京东低空物流项目聚焦偏远地区的末端配送，规划建设了"干—支—末"三级无人机通航物流体系，在陕西、江苏等地实现了常态化配送运营，并建立了无人机全国运营调度中心，有效解决了广大农村、道路不畅地区"最后一公里"的配送难题。[5]

8.2.2 技术发展趋势

随着无人机技术的不断发展和完善，无人机物流配送航线的配送效率将进一步提高，成本将进一步降低、安全性进一步提升。发展趋势主要体现在以下几个方面。

无人机硬件和软件技术的进步

未来无人机将采用更轻、更强、更耐腐蚀的材料，从而提高载重能力和飞行性能。无人机动力系统也将更加高效，提供更长的续航时间和更高的飞行速度。例如，多旋翼与固定翼结合的设计，既满足垂直起降的需求，又能实现高速且长距离飞行。随着电池技术的进步，无人机将拥有更长的续航时间和更大的载荷能力。

智能避障与精准定位技术的发展

无人机将集成多种传感器，如 GPS、IMU、轮速传感器等，实现导航和定位的互补与校验。智能避障与防碰撞系统将使无人机能够实时感知周围环境，自动规划安全航线。精准定位技术将实现厘米级甚至毫米级的精准定位，确保无人机在复杂城市环境中的安全飞行。

复合装载与货物动态平衡调整

无人机将能够同时携带多种货物，实现复合装载，提高物流效率。在飞行过程中，无人机将自动调整货物平衡，确保安全运输。这种技术将使得无人机能够更灵活地应对不同种类的配送需求。

8.2.3 政策法规环境

无人机物流配送航线的发展离不开政策法规的支持和规范。各国政府和地方政府出台的一系列政策和法规，对于推动无人机配送行业的发展具有十分重要的作用。

中国政府对低空物流行业给予了高度重视和支持。相关政府部门多次强调要鼓励发展与平台经济、低空经济、无人驾驶等结合的物流新模式。例如，粤港澳大湾区是我国低空经济的先行者，走在全国低空物流产业培育的前列，深圳出台了全国首部低空经济立法《深圳经济特区低空经济产业促进条例》，并形成了成熟完备的无人机产业链条。深圳、广州等城市在低空经济领域具有显著优势，集聚了众多低空经济企业，形成了长链条、广辐射的低空产业生态圈。

无人机物流配送航线的未来展望充满机遇和挑战。随着技术的不断进步和政策的逐步完善，无人机物流配送将成为现代物流体系的重要组成部分，为全球经济和社会发展提供有力支持。

根据市场研究和咨询公司 Emergen Research 的报告预测，全球无人机物流和运输市场规模将在 2028 年达到 318.4 亿美元，年复合增长率为 19.5%。深圳市无人机行业协会预计，2024 年国内无人机市场规模将达 1600 亿元，其中快递物流相关市场规模约 300 亿元；到 2040 年，无人机配送占当日包裹递送量的比例将达 30%。[5]

随着无人机物流配送航线的发展，相关的法律法规将逐步完善，以规范无人机的使用和管理。政府将出台更多支持无人机物流发展的政策，鼓励技术创新和市场应用，为无人机物流的发展创造良好的政策环境。同时，监管部门也将加强安全监管，制定更加严格的飞行规定和运营标准，确保无人机配送的安全性和合规性。

8.3 研学以及兴趣培养

低空经济不仅为经济社会发展带来了新的增长点，更在青少年兴趣培养方面发挥着积极作用。青少年是国家的未来和希望，他们的兴趣培养对于个人成长和社会发展都具有重要意义。通过培养青少年的兴趣爱好，可以激发他们的创造力和创新精神，提升他们的综合素质和竞争力。同时，兴趣爱好也是提高青少年社交能力和情感发展的重要途径。

然而，在青少年兴趣培养的过程中，也面临着诸多挑战。一方面，传统教育模式和家庭观念往往过于注重学业成绩，忽视了青少年兴趣爱好的培养；另一方面，社会资源和教育资源的分配不均也导致了一些青少年无法接触到多样化的兴趣培养活动。此外，青少年自身也可能因为缺乏自信、害怕失败等原因不敢尝试新的兴趣爱好。

航空，这一充满探索的领域，对青少年而言，无疑是一个极具吸引力的兴趣方向。航空兴趣的培养，不仅能够激发青少年的好奇心和探索欲，更能在他们的成长过程中起到积极的推动作用，助力他们多方面能力的提升。本章节将深入探讨航空兴趣培养对青少年成长及其能力培养的深远影响。

激发好奇心与探索欲

青少年时期是人生中好奇心和探索欲最为旺盛的阶段。航空领域的广阔天地，如飞机的翱翔、宇宙的深邃、航天器的探索等，都深深吸引着青少年的目光。通过培养航空兴趣，青少年可以更加深入地了解航空知识，满足他们的好奇心，并进一步激发他们的探索欲。这种对未知世界的渴望和追求，将推动青少年不断学习、不断进步。

培养科学思维与创新能力

航空领域是一个高度依赖科学技术和创新能力的领域。培养青少年的航空兴趣，意味着引导他们接触和学习相关的科学知识，如物理学、数学、工程学等。在这个过程中，青少年将逐渐学会如何运用科学思维去分析问题和解决问题，他们的创新能力也将得到锻炼和提升。这种科学思维和创新能力的培养，对青少年未来的学习和工作都将产生积极的影响。

提升动手能力与实践能力

航空兴趣的培养往往与动手实践紧密相连。无论是制作飞机模型、进行飞行模拟实验，还是参与航空科技竞赛，都需要青少年亲自动手、实践操作。这样的过程不仅能够锻炼青少年的动手能力，还能够提升他们的实践能力。通过不断的实践尝试，青少年将学会如何将理论知识转化为实际操作，如何面对和解决实践中的问题。

增强团队协作与沟通能力

在航空兴趣的培养过程中，青少年往往需要与他人合作，共同完成一些任务或项目。比如，在航空科技竞赛中，他们需要组建团队、分工合作，共同设计和制作航空器。这样的过程不仅能够锻炼青少年的团队协作能力，还能够提升他们的沟通能力。在团队合作中，青少年将学会如何与他人有效沟通、协调不同意见、共同解决问题。

培养坚韧不拔与勇于挑战的精神

航空领域是一个充满挑战和风险的领域。培养青少年的航空兴趣，意味着引导他们面对挑战、勇于尝试。在追求航空梦想的过程中，青少年将遇到各种困难和挫折，但他们也会学会如何坚持、不轻易放弃。这种坚韧不拔和勇于挑战的精神，将成为青少年人生道路上宝贵的财富。

拓宽视野与增强国际竞争力

航空是一个全球性的领域，培养青少年的航空兴趣，意味着引导他们走向世界、了解国际航空发展动态。通过参与国际航空科技竞赛与交流活动等，青少年可以拓宽自己的视野，了解不同国家的航空技术和文化。同时，他们也可以在国际舞台上展示自己的才华和成果，增强自己的国际竞争力。

第9章 低空经济产业园

作为低空经济发展的重要载体，低空经济产业园在其中扮演着不可或缺的角色。本章将详细阐述低空经济产业园对低空经济的促进作用，为读者提供对低空经济产业园全面而深入的认识。

9.1 什么是低空经济产业园

低空经济产业园是以低空经济为主导产业，集研发、制造、运营、服务于一体的综合性产业园区。它充分利用无人机、轻型飞行器等低空飞行器的独特优势，结合现代信息技术，推动低空经济在各个领域的应用与发展。低空经济产业园不仅是一个产业集聚的平台，更是一个创新发展的高地，为低空经济的持续发展提供了强大的支撑。

具体来说，低空经济产业园主要涵盖以下几个方面的内容。

低空飞行器研发与制造：包括无人机、轻型固定翼飞机、直升机等各类低空飞行器的研发、设计、制造与测试等环节。

低空飞行服务：提供低空飞行器的运营、维护、租赁等服务，满足各类低空飞行的需求。

低空应用领域拓展：推动低空经济在航空摄影、农业植保、环境监测、物流配送、应急救援等领域的应用，促进产业融合发展。

低空技术创新与研发：依托高校、科研机构等资源，开展低空领域的技术研发与创新，推动低空经济的技术进步。

9.2 低空经济产业园对低空产业的促进作用

低空经济产业园作为低空经济发展的重要载体，对低空经济的促进作用主要体现在以下几个方面。

产业集聚与协同发展

低空经济产业园通过吸引相关企业和机构入驻，形成了产业集聚效应。这些企业和机构在产业园内相互合作、协同发展，共同推动低空经济产业的进步。同时，产业园还提供了完善的基础设施和配套服务，为企业的发展提供了有力保障。这种产业集聚和协同发展的模式，不仅提高了低空经济产业的竞争力，还促进了相关产业的融合发展。

技术创新与研发推动

低空经济产业园注重技术创新和研发推动，通过引入高校、科研机构等创新资源，开展低空经济领域的技术研发与创新活动。这些创新成果不仅为低空经济产业的发展提供了技术支撑，也推动了整个行业的科技进步。同时，产业园还鼓励企业加强自主创新，提升核心竞争力，为低空经济产业的长期发展注入动力。

应用领域拓展与市场需求拉动

低空经济产业园致力于拓展低空经济的应用领域，通过推动低空飞行器在航空摄影、农业植保、环境监测、物流配送、应急救援等领域的应用，满足了市场的多元化需求。这些应用领域的拓展不仅为低空经济产业带来了巨大的市场空间，也拉动了相关产业的发展。同时，随着市场的不断扩大，低空经济产业园还将吸引更多的投资者和人才加入，进一步推动低空经济产业的繁荣发展。

政策扶持与产业发展环境优化

各地政府在推动低空经济产业园发展方面给予了大力支持。各地政府通过出台一系列政策措施，包括资金扶持、税收优惠、人才引进等，为低空经济产业园的发展提供了有力保障。这些政策扶持不仅降低了企业的运营成本，也提高了产业园的吸引力。同时，各地政府还加强了对低空经济产业园的规划和建设，优化了产业发展环境，为低空经济产业的长期发展奠定了坚实基础。

9.3 国内低空经济产业园的发展现状

当前，国内低空经济产业园已经初具规模，多个地区正积极打造低空经济产业的集群和创新生态，引领该产业进入新的竞争阶段。这些园区不仅在数量上有所增加，而且在质量上也不断提升。

从产业规模来看，国内低空经济产业园已经取得了显著的成效。据相关研究报告显示，2023年我国低空经济规模达到了数千亿元，增速高达33.8%[6]。这一数字不仅反映了低空经济产业园的快速发展，也体现了我国低空经济产业的巨大潜力。

从产业布局来看，国内低空经济产业园已经形成了较为完整的产业链条。这些园区涵盖了无人机研发、生产、销售、服务等多个环节，形成了从上游到下游的完整产业链。同时，园区还积极引入相关配套企业，进一步完善了产业生态。这些产业单位聚集在一起，助推了当地或区域内的产业链发展，带动了当地低空产业的竞争力提升。

从政策支持来看，国家对于低空经济产业园的发展给予高度重视。

目前，涌现了一批规模较大、产业配套齐全的低空经济产业园。例如：深圳龙华区低空经济试验区、江西赣州低空经济产业园、江西九江共青城市低空经济产业园、陕西西安航天城等，各省市也在抢滩布局低空经济产业园。以龙华区最近公布的《龙华区低空经济试验区2024年度建设方案》为例，方案规划到2024年年底，试验区围绕物流配送、医疗救援、城市空中交通、观光体验、科普教育等打造一批应用示范场景，力争开通35条以上区内无人机航线，载货无人机商业飞行突破30万架次/年；推动高等院校、科研院所建设低空创新平台、实验基地，加快推动电子科技大学风洞试验基地落地启用，推动重点企业建设低空研发中心；加速推动2家重点低空经济企业落地建设，引导10个以上低空产业项目在龙华落地，加快产业集聚发展；实现300米以下低空空域通信一张网，与市低空智能融合基础设施（SILAS）深度融合建设低空空中交通数据管理中心，构建试验航路和重点航线通信导航监视一体化感知系统，实现城市场景下多主体融合运行的全要素保障体系。届时预计深圳龙华区低空经济试验区将成为国内低空产业配套最为齐全低空经济产业园区（图9.1）。

图9.1　龙华区低空经济产业园[7]

尽管国内低空经济产业园已经取得了一定的成果，但仍存在一些问题和挑战。例如，部分园区在产业定位上存在同质化竞争的现象，缺乏特色和差异化；同时，部分园区在基础设施建设、人才培养等方面还存在不足。

9.4 未来发展趋势

国内低空经济产业园将继续保持快速发展的态势，呈现出以下几个明显的趋势。

产业规模将进一步扩大。随着低空飞行活动的日益增多，低空基础设施投资拉动成效也将逐步显现。未来几年，国内低空经济产业园的规模将继续保持快速增长态势，成为推动经济发展的新动力。

产业链将进一步完善。未来，国内低空经济产业园将更加注重产业链的完善和协同发展。园区将积极引入更多上下游企业，形成更加紧密的产业集群，提高整个产业的竞争力。

技术创新将成为重要驱动力。随着科技的不断进步和创新，国内低空经济产业园将更加注重技术创新和研发。无人机、电动垂直起降飞行器等前沿技术将成为园区发展的重要方向，推动整个产业的升级换代。

绿色可持续发展将成为重要发展方向。未来，国内低空经济产业园将更加注重绿色可持续发展。园区将积极推广清洁能源、节能减排等技术，减少对环境的影响，实现产业与生态的和谐发展。

国际合作与交流也将成为国内低空经济产业园发展的重要内容。随着全球化的不断深入，园区将积极加强与国外低空经济产业的合作与交流，引进先进的技术和管理经验，推动国内低空经济产业的国际化发展。

国内低空经济产业园已经取得了显著的发展成果，但仍存在一些问题和挑战。未来，随着各地政策的进一步扶持和市场的不断扩大，国内低空经济产业园区将继续保持快速发展的态势,并在技术创新、产业链完善、绿色可持续发展等方面取得更加显著的成果。同时,园区也需要加强国际合作与交流,推动国内低空经济产业的国际化发展。

面对新的发展机遇和挑战,国内低空经济产业园需要不断创新和进步,以更高的标准和更严格的要求来推动自身的发展。只有这样,才能确保低空经济产业园在未来能够持续、健康、快速地发展,为我国经济的转型升级和高质量发展做出更大的贡献。

本篇参考文献

[1] 中国民航报.大中型货运无人机开启航空物流新篇章[EB/OL].（2023-03-09）[2024-05-23].http://www.caacnews.com.cn/1/tbtj_/202303/t20230309_1364561.html.

[2] 中国民航网.危险品航空运输如何做到安全与效率并重？[EB/OL].（2024-05-31）[2024-05-23].https://finance.sina.cn/2024-05-31/detail-inaxhcth7858699.d.html.

[3] 简乐尚博.全球无人机灯光秀增长趋势2023—2029[EB/OL].（2023-08-04）[2024-05-23].https://www.shangyexinzhi.com/article/10780730.html.

[4] 曲靖珠江网.eVTOL：未来城市空中交通的创新力量[EB/OL].[2024-05-23].https://baijiahao.baidu.com/s?id=1813058059785594190&wfr=spider&for=pc.

[5]《企业改革与发展》杂志2024年第10期.低空物流行业发展现状与趋势[EB/OL].（2024-10-17）[2024-05-23].https://www.zgcsswdx.cn/info/9746.html.

[6] 李丹琳.低空经济冉冉起飞保险保障亦步亦趋[EB/OL].（2024-10-16）[2024-05-23].https://www.financialnews.com.cn/2024/10/16/content_410015.html.

[7] 龙华区.数字龙华：全面打造可持续竞争力[EB/OL].[2024-05-23].https://www.szlhq.gov.cn/xxgk/xwzx/gzdt/content/post_10937574.html.

第四篇

新技术驱动产业发展

第10章 材料及能源技术突破

10.1 固态电池

目前液态锂电池能量密度最高可达 300W·h/kg，而固态锂电池的理论能量密度是 700W·h/kg，是液态锂电池的 2 倍以上。固态电池在安全性、能量密度和循环寿命等方面具有显著优势，更适用于低空经济等领域。

10.1.1 固态电池技术及其优势

固态电池是一种使用固体电极和固体电解质的电池技术，与传统的锂离子电池相比，其最大的区别在于电解质的状态。固态电池摒弃了易燃的液态电解质，采用锂、钠制成的玻璃化合物为传导物质，取代了以往锂电池的电解液，从而大大提升了锂电池的能量密度。这种电池技术被认为是液态电池的下一代技术，具有更高的能量密度、安全性和稳定性，尤其在电动汽车和储能设备等领域具有广泛的应用前景。其优势包括以下几个方面。

高能量密度：固态电池的能量密度远高于液态电池，这意味着在相同重量或体积下，固态电池能够存储更多的能量。这一特点对于低空飞行器来说至关重要，因为它可以提高飞行器的续航能力。

高安全性：固态电池使用固态电解质，避免了液态电解质泄漏、燃爆等安全风险。这一特点使得固态电池在航空领域具有更高的可靠性，降低了飞行器的安全风险。

长寿命：固态电池的使用寿命更长，减少了更换电池的频率和维护成本。在低空产业中，长寿命的电池意味着更低的运营成本和更高的经济效益。

对温度不敏感：固态电池能在-50~200℃的温度范围内保持放电功率，可以极大程度缓解冬天电池容量衰减的问题。

10.1.2 固态电池在低空产业中的应用实例

随着固态电池技术的不断成熟，越来越多的低空产业企业开始尝试将固态电池应用于其产品中。以下是一些具体的应用实例。

eVTOL：eVTOL作为低空产业中的一种新型交通工具，其运行时长依赖于动力电池的性能。固态电池的高能量密度和高功率密度使得eVTOL能够实现更长的续航时间和更大的载重能力。例如，力神电池和宁德时代等企业已经开发出高比能高安全的固态电池，专门用于提升eVTOL的续航能力。力神电池计划开发的350W·h/kg及400W·h/kg高比能高安全电池，专为提升eVTOL续航能力而设计。宁德时代发布的凝聚态电池，单体能量密度为500W·h/kg，特别适用于载人航空电动化场景。这些高能量密度的固态电池，可以显著延长eVTOL的飞行时间，提高其运营效率和实用性。

无人机：无人机在低空产业中扮演着重要角色，被广泛应用于航拍、物流、农业等领域。固态电池的应用使得无人机能够实现更长时间的飞行和更稳定的性能。国内多家无人机制造商已经开始尝试将固态电池应用于其产品中，以提高无人机的续航能力和安全性。

低空物流：随着电商和快递行业的快速发展，低空物流成为一个新的增长点。固态电池的高能量密度和长寿命使得低空物流飞行器能够实现更高效的配送服务。例如，一些企业已经开始研发搭载固态电池的物流飞行器，以提高配送效率和降低成本。

10.1.3 在低空产业中的挑战与机遇

尽管固态电池在低空产业中具有广阔的应用前景，但目前仍存在一些挑战需要克服。以下是其存在的几点问题。

离子传输效率低：固态电池中，电解质与电极材料之间的界面是固—固接触，相较于液态电池的固—液接触，固态电池中电极与电解质之间的有效接触较弱。这导致了离子在固体中的传输动力学较低，进而影响了电池的性能。具体来说，固态电解质的离子电导率通常比液态电解质低几个数量级，这限制了固态电池的充放电速率。

内阻大、充电难：由于固态电解质与电极之间的界面阻抗较大，固态电池的内阻相对较高。高内阻不仅会阻碍电池的充电过程，还会在充电过程中造成能量的损失。因此，固态电池实现快充较为困难，且快充时可能会造成大量的能量损失，降低充电效率。

制造成本高：目前，固态电池的制造成本显著高于传统的液态电池。这主要是由于生产工艺的复杂性和材料技术的限制。例如，固态电解质的生产需要高温处理和精密的制备工艺，这增加了生产成本。此外，固态电池的材料成本也相对较高，因为需要使用到一些稀有或昂贵的材料。

技术成熟度低：相较于液态电池技术的成熟和广泛应用，固态电池技术还处于发展阶段。尽管固态电池在安全性、能量密度等方面具有潜在优势，但目前仍存在许多技术挑战需要克服。例如，如何提高固态电解质的离子电导率、降低界面阻抗以及优化电池结构设计等。

固态电池以其高能量密度、快速充电、高安全性和长寿命等优势，在低空产业中具有广阔的应用前景。尽管目前仍存在一些挑战需要克服，但随着技术的不断进步和市场的日益关注，固态电池将在低空产业中发挥越来越重要的作用。未来，我们可以期待固态电池技术的进一步突破和创新，为低空产业的发展注入更多的活力和动力。同时，政府、企业和科研机构应加强合作与交流，共同推动固态电池技术在低空产业中的广泛应用与发展。

10.2 可持续航空燃料

随着全球气候变化问题日益严峻，减少温室气体排放、实现低碳发展已成为各国共识。航空业作为碳排放的重要来源之一（航空业二氧化碳排放量占全球二氧化碳排放量的 2%~3%），其减排压力日益增大。在这样的背景下，可持续航空燃料（以下简称 SAF）应运而生，成为推动航空业绿色转型的关键力量。SAF 的应用不仅推动了航空业的绿色发展，还为低空经济的高质量发展注入了新的动力。

10.2.1 SAF 的环保价值

SAF 作为一种以废弃的动植物油脂、油料、城市生活垃圾和农林废弃物为原料，以可持续方式生产的替代燃料，其最大的优势在于其可显著降低碳排放。相较于传统的化石燃料，SAF 从原材料收集到最终用户使用的整个过程中，产生的碳排量最高可减少约 85%。这一显著的减排效果，使得 SAF 成为航空业实现低碳化发展的重要途径。

在航空领域，由于飞行活动频繁（按照目前海外的低空产业特点），碳排放问题尤为突出。SAF 的应用将有效减少航空产业的碳排放，助力其实现绿色转型。同时，低空产业作为新兴的航空领域，其发展潜力巨大，但也面临着节能减排的挑战。SAF 的推广使用，将为低空产业提供一种环保、可持续的能源解决方案，有助于其在发展过程中实现经济与环境的双赢。

10.2.2 SAF 对低空产业的积极意义

促进低空经济绿色发展

在全球可持续发展的大背景下，低空经济也将朝着绿色环保的方向发展。新能源通用航空器的研发和应用将逐渐增加，减少对传统燃油的依赖，降低碳排放。可持续航空燃料作为绿色燃料，其被广泛应用将直接推动低空经济的绿色发展。通过使用可持续航空燃料，低空飞行活动可以减少对环境的负面影响，实现经济发展与环境保护的良性互动。

带动相关产业转型和创新

可持续航空燃料的发展不仅局限于航空业本身，还将带动相关产业的转型和创新。从生产到供应链，可持续航空燃料产业都将为经济增长和就业机会的创造作出贡献。例如，在可持续航空燃料的原料收集、加工、运输等环节，将催生出一系列新的产业链和就业机会。这些产业的发展将进一步夯实低空经济的基础，推动其向更高质量、更高效益的方向发展。

拓展低空经济的应用场景

可持续航空燃料的应用将拓展低空经济的应用场景。随着航空器对绿色燃料适应性的提高，低空飞行活动将更加灵活多样。例如，在物流运输、空中游览、应急救援等领域，可持续航空燃料将发挥重要作用。这些新应用场景的拓展将丰富低空经济的内涵，提升其综合竞争力。

增强低空经济的国际竞争力

在全球航空业绿色转型的大趋势下，可持续航空燃料的应用将成为衡量一个国家或地区低空经济发展水平的重要指标之一。积极推广和应用可持续航空燃料，可以提升一个国家或地区低空经济的国际竞争力以及影响力。

10.2.3 应用案例

英国维珍航空的跨大西洋飞行

2023年11月，英国维珍航空公司进行了世界首次使用可持续航空燃料的跨大西洋飞行，从伦敦飞往纽约。这次飞行标志着航空业在减少环境影响和实现可持续飞行方面迈出了重要的一步。维珍航空的这一举措不仅展示了可持续航空燃料的可行性，也为低空经济领域的其他企业树立了榜样。

四川航空的可持续航空燃料应用

2024年7月18日，四川航空首次使用可持续航空燃料执行成都直飞东京国际定期客运航班飞行任务。此外，四川航空还计划在未来进一步扩大可持续航空燃料的应用范围，推动低空经济的绿色发展。

通用航空采用SAF验证飞行

2023年6月11日，国网电力空间技术有限公司（SGST）运营的一架空客H125直升机在合肥施湾机场成功使用可持续航空燃料（SAF）进行了验证飞行。这是国内首次直升机使用可持续航空燃料的飞行，是中国通用航空领域在低碳航空发展道路上的重要里程碑。此次飞行使用一台赛峰阿赫耶2D发动机提供动力，并采用中国航油提供的SAF以40%的混合比飞行。此次飞行活动的圆满成功对激励可持续航空燃料的推广应用具有重要意义，对推广低碳通用航空的企业的发展产生了积极影响。

10.2.4 挑战及发展趋势

（1）面临的问题

尽管可持续航空燃料对低空经济有积极影响，但其发展仍面临一些挑战，SAF的使用量占比依然较低：全球SAF采购协议数量正在增加，但也仅占航空燃料总消耗量的约0.1%。主要原因包括以下几个方面。

第四篇
新技术驱动产业发展

供给不足

目前全球可持续航空燃料的年产量相对较低，无法满足航空业的需求。这主要是由于原料收集、加工、运输等环节存在瓶颈，还有就是上游的 SAF 以废弃物为基础的原材料短缺。为解决这一问题，我们需要加大对可持续航空燃料产业的投资力度，提升其生产能力和供应链效率，实现原材料的多元化以降低对废弃物的绝对依赖。

成本高

可持续航空燃料的生产成本相对较高，这限制了其广泛应用。为降低成本，我们需要加大技术研发力度，提高生产效率；同时，还需要建立完善的原料回收体系和市场机制，促进原料的规模化供应。

能量密度较低

SAF 能量密度低于传统喷气燃料，因此使用相同量的 SAF 时，飞机的飞行距离会大幅缩短。

技术标准与认证体系不完善

目前全球范围内关于可持续航空燃料的技术标准和认证体系尚不完善，这增加了其推广应用的难度。为解决这一问题，国际民航组织、各国政府以及相关企业需加强合作，共同制定和完善相关标准和认证体系。

（2）未来发展趋势

在 2024 年 7 月 22 日举行的范堡罗国际航空航天展上，有几个与 SAF 相关的重要公告：包括空客公司、法国航空—荷兰皇家航空集团、联合能源集团、法国巴黎银行、澳洲航空等在内的财团，宣布计划投资 2 亿美元成立一个基金，该基金将投资于"技术成熟的 SAF 生产项目，例如使用基于废物的原料"。与此同时，波音公司也表示，已与投资公司 Clear Sky 建立合作伙伴关系，以推广英国公司 Firefly 开创的 SAF 生产方法。该方法涉及将人类排泄物在高温高压下转化为一种物质，然后用于制造 SAF。

149

虽然 SAF 目前还有很多难题需要攻克，但是碳中和的目标是摆在世人面前无法逾越的问题，采用 SAF 这样的技术手段是人们努力解决碳排放的一个可选方案。随着技术的不断进步和政策的持续支持，例如通过政策措施扩大 SAF 的使用比例，从而增大生产量之后，SAF 价格可能将持续降低。相信不久的将来，SAF 将在未来航空业尤其是低空产业发挥越来越重要的作用，推动低空经济向更高质量、更高效益的方向发展。

10.3 氢燃料电池航空器

氢燃料电池作为一种清洁、高效的能源技术，近年来在航空领域的应用逐渐受到关注。氢燃料电池飞行器作为这一技术的典型代表，其发展现状及趋势成为行业内外关注的焦点。[1]

10.3.1 氢燃料电池飞行器的发展现状

氢燃料电池飞行器技术的研发正处于快速发展阶段。与传统燃油发动机相比，氢燃料电池具有无污染、零排放、高能量密度和长续航能力等优点，非常适合用于航空领域。目前，全球多家航空企业和研究机构正在积极投入氢燃料电池飞行器的研发工作。

例如，空客公司早在 2016 年就启动了氢动力相关试验设备研究，并在 2020 年发布了 ZEROe 氢能飞机方案，计划于 2035 年前将一款零排放飞机投入使用。此外，英国航空航天技术研究院（ATI）发布的 FlyZero 液氢动力远程中型飞机概念，也为氢燃料电池飞行器的发展提供了重要的技术参考。

市场应用情况

尽管氢燃料电池飞行器技术尚未完全成熟，但已经在一些领域开始应用。例如，在军用无人机领域，氢燃料电池因其长续航、低噪声和隐蔽性好等优点，逐渐成为重要的动力源。据相关研究报告显示，未来几年内，军用氢燃料电池市场将保持快速增长的态势，市场规模有望迅速扩大。

此外，在民用航空领域，氢燃料电池飞行器也展现出巨大的应用潜力。一些初创公司和科研机构正在积极探索氢燃料电池在小型飞机、eVTOL等领域的应用，力求在清洁能源航空领域占据先机。

基础设施建设

氢燃料电池飞行器的广泛应用离不开基础设施的支持。目前，全球范围内加氢站的建设正在加速推进，为氢燃料电池飞行器的发展提供了有力保障。例如，H2FLY公司在斯图加特机场建设的氢航空中心，不仅设有氢基础设施，还直接连接到机场停机坪，为氢燃料电池驱动的飞行器提供了便捷的加氢服务。

同时，各国政府也在积极出台相关政策，鼓励和支持加氢站等基础设施的建设。例如，欧盟在《氢能航空》研究报告中指出，需要制定长期的政策框架和保障措施，以推动氢能航空的发展。

10.3.2 产品案例

目前氢燃料电池飞机的实际案例正在不断增加，这些案例展示了氢燃料电池技术在航空领域的应用潜力和发展前景。以下是一些具体的实际案例。

ZeroAvia公司的氢燃料电池飞机项目

HyFlyer项目：ZeroAvia公司完成了世界上第一次由氢燃料电池支持的商用飞机飞行。这架名为"HyFlyer"的氢燃料电池动力飞机共有6个座位，于2020年10月在英国试飞成功。该公司计划最早于2023年首次投入商业运营，并开发10座到20座飞机的氢燃料电池技术，航程将达到800公里。

HyFlyer Ⅱ 项目：2023 年 1 月，ZeroAvia 完成了一架 19 座 Do-228 型飞机的首飞。这架飞机的左侧螺旋桨由两个氢燃料电池驱动的电动机提供动力，右侧则仍使用传统的煤油发动机，这是迄今为止最大的氢燃料飞机项目之一。

更大规模的氢燃料电池飞机：ZeroAvia 公司还在开发基于阿拉斯加航空公司退役的冲-8 飞机的零排放氢电推进系统，计划将其改装为可搭载 76 名乘客的氢燃料支线客机。

Universal Hydrogen 公司的 Dash-8 氢燃料电池支线客机

Universal Hydrogen 公司成功试飞了一架改装后的 Dash-8 支线客机，该飞机搭载了有史以来最大的氢燃料电池系统。这次试飞虽然时间较短（约 15 分钟），但证明了氢气作为短途客机燃料的可行性。该飞机预计将被进一步改进并投入商业运营。

空客公司的 ZEROe 氢能飞机项目

空客公司自 2020 年起启动了 ZEROe 氢能飞机项目，计划于 2035 年前推出世界上第一架零排放的商用飞机。ZEROe 项目包含多个氢能飞机概念，如涡扇氢混合动力、涡桨氢混合动力和翼身融合混合动力飞机等。这些飞机将采用氢燃料电池或氢涡轮发动机作为动力源，以实现零排放飞行。

2023 年年底，空客公司启动了"铁舱（iron pod）"项目，这是为空客电动概念飞机设计的未来氢推进系统。该系统成功实现了 1.2MW 的功率输出，标志着氢燃料电池技术在大型飞机应用上的重要突破。

德国 H2FLY 公司的 HY4 氢燃料电池验证机

H2FLY 公司（现被 Joby 公司收购）的 HY4 氢燃料电池验证机自 2016 年起进行了多次试飞，并在 2023 年实现了液氢作为燃料的突破。HY4 飞机成为世界上首架液氢电动载人飞机，其最大航程可达 1500 公里。

极光飞行科学公司（Aurora Flight Sciences）的 Skiron-XLE

波音旗下极光飞行科学公司（Aurora Flight Sciences）发布其最新的固

定翼垂直起降无人机——Skiron-XLE。该无人机基于 2022 年 11 月发布的 Skiron 型号改进而来，采用氢燃料电池动力，翼展超 5 米，起飞重量为 22 千克。与前一代相比，Skiron-XLE 的最大飞行距离从 13 公里增加到 75 公里，续航时间也从 3 小时提升至 5 小时，适用于军事、执法、公共服务等多领域，目前正在进行相关测试，预计很快将投入实际使用。

10.3.3 氢燃料电池飞行器的未来趋势

随着技术的不断进步和市场需求的增加，氢燃料电池飞行器在未来将展现出更加广阔的发展前景。

技术持续突破

氢燃料电池技术的持续突破将是推动其未来发展的重要动力。目前，氢燃料电池在功率密度、高空环境适应性和系统集成能力等方面仍存在诸多挑战。未来，随着材料科学、电化学和机械工程等领域的不断进步，氢燃料电池的性能将得到显著提升，从而满足航空领域对动力系统的更高要求。

例如，采用新型电极材料、优化电池结构设计、提高水和热管理能力等方法，可以进一步提高氢燃料电池的功率密度和能量转换效率；同时，针对高空环境适应性等特殊要求，可以对燃料电池系统进行定制化设计和优化，以确保其在各种极端条件下的稳定运行。

市场规模扩大

随着技术的不断成熟和应用领域的不断拓展，氢燃料电池飞行器的市场规模将不断扩大。在军用领域，氢燃料电池以其独特的优势将成为新型军用装备的重要动力源。随着军事现代化的不断推进和对高效、清洁、安全能源需求的日益增长，军用氢燃料电池的市场规模有望在未来几年内迅速增长。

在民用领域，随着环保意识的提高和新能源汽车的普及，氢燃料电池飞行器也逐渐受到市场的青睐。特别是在短途通勤、空中出租车和电动垂直起降航空器等领域，氢燃料电池飞行器将展现出巨大的应用潜力。据相关预测数据显示，到2030年，全球氢燃料电池飞行器市场规模将达到数十亿美元甚至更高的水平。[2]

基础设施建设加速

氢燃料电池飞行器的广泛应用离不开基础设施的支持。未来，随着市场规模的扩大和技术的不断进步，加氢站等基础设施的建设将加速推进。各国政府和企业将加大投入力度，建设更多高效、便捷的加氢站，以满足氢燃料电池飞行器日益增长的市场需求。

同时，随着技术的进步和成本的降低，加氢站的建设和运营成本也将逐渐降低。这将进一步推动加氢站的普及和应用范围的扩大，为氢燃料电池飞行器的发展提供更加坚实的基础设施保障。

产业链协同发展

氢燃料电池飞行器的发展将带动整个产业链的协同发展。从氢气制备、储运设备到电池关键零部件再到系统集成和应用推广等各个环节都将迎来新的发展机遇。未来，随着产业链的逐步完善和各个环节之间的紧密合作，氢燃料电池飞行器的性能将得到进一步提升，成本将进一步降低，市场竞争力也将不断增强。

在氢气制备方面，随着可再生能源技术的不断进步和成本的降低，绿氢的生产成本将逐渐降低至与灰氢甚至传统燃料相竞争的水平。这将为氢燃料电池飞行器提供更加经济、环保的燃料来源。同时，在储运设备方面，随着技术的突破和材料的创新，储氢容器的重量和体积将进一步减小，储氢密度将进一步提高，从而满足航空领域对高能量密度燃料的需求。

随着全球能源结构的转型和环保意识的提高，各国政府将加大对氢燃料电池等新能源技术的支持力度。未来，在氢燃料电池飞行器的研发、生产和应用推广等方面，政府将出台更多优惠政策和激励措施，以鼓励企业和科研机构加大投入力度和加快技术创新步伐。

在研发方面，政府可能设立专项基金支持氢燃料电池飞行器关键技术的研发和突破；在生产方面，政府可以给予税收减免、贷款贴息等优惠政策以降低企业的生产成本；在应用推广方面，政府可以出台补贴政策、优先采购政策等措施以推动氢燃料电池飞行器的市场应用。这些政策的出台将为氢燃料电池飞行器的发展提供更加有力的保障和支持。

氢燃料电池飞行器作为清洁、高效的能源技术代表，在航空领域展现出巨大的应用潜力和广阔的发展前景。在技术不断突破、市场规模不断扩大、基础设施建设加速以及产业链协同发展和政策支持力度加大等因素的共同作用下，氢燃料电池飞行器将迎来更加广阔的发展机遇。我们有理由相信，在不久的将来，氢燃料电池飞行器将成为航空领域的重要一员，为推动全球能源结构的转型和环保事业的发展做出重要贡献。

10.3.4 氢内燃航空器

氢作为一种清洁、高效、可再生的能源，被寄予厚望。在航空领域，氢的应用主要有两种形式：氢内燃机和氢燃料电池。本节重点对氢内燃航空器进行深入分析，带读者了解述氢内燃航空器的相关知识。

2024年1月29日上午，由沈阳航空航天大学名誉校长、辽宁通用航空研究院首席科学家、中国工程院院士杨凤田主持研制的世界首款四座氢内燃通用航空飞机原型机在沈阳市法库财湖机场成功首飞。据试飞员反馈，飞机动力充足、振动较小、操纵性能良好，为下一步持续性试飞奠定了坚实基础。

氢内燃航空器是指采用氢内燃机作为动力源的飞行器。氢内燃机通过氢气与空气混合燃烧产生动力，驱动飞机飞行。与传统燃油内燃机相比，氢内燃机具有无污染、热值高、资源来源广泛等优点。近年来，随着氢内燃机技术的不断突破，氢内燃航空器逐渐成为航空业关注的焦点。

在布局形式上，氢内燃航空器通常采用上单翼、低平尾、前置螺旋桨、前三点式不可收放起落架的布局。这种布局形式有利于优化飞行性能，提高飞行稳定性。以我国自主研制的全球首款四座氢内燃飞机原型机为例，该机翼展13.5米，机长8.2米，使用高压气态储氢，储氢重量4.5千克，巡航速度达到180千米/小时。该飞机搭载国内首款2.0升零排放增压直喷氢燃料内燃机，发动机功率可达到120千瓦，动力表现充沛，振动微小，操纵性能稳定。

10.4　氢内燃航空器相较于传统燃油航空器的优势

10.4.1　氢内燃航空器的优势

氢内燃航空器相较于燃油航空器在多个方面展现出显著的优势，这些优势主要体现在环保性、能效、资源可持续性和未来发展潜力上。以下是对这些优势的详细阐述。

环保性

零排放或极低排放：氢内燃机在燃烧氢气时，主要产物是水蒸气，几乎不产生二氧化碳和其他有害气体，实现了航空器的零碳排放或极低排放。这对于缓解全球气候变化、减少航空业对环境的影响具有重要意义。相比之下，燃油航空器在飞行过程中会产生大量的二氧化碳和其他温室气体。

减少噪声污染：氢内燃机在运行过程中产生的噪声相对较低，有助于减少航空器对周边环境的噪声污染。这对于提高机场周边居民的生活质量、促进航空业的可持续发展具有积极作用。

能效

高热值：氢气的热值较高，燃烧时能够释放出大量的能量。这使得氢内燃航空器在相同重量下能够获得更长的续航能力和更强的动力性能。

高效能转换：氢内燃机通过燃烧氢气产生动力，其能量转换效率相对较高。虽然氢燃料电池在电能转换效率上可能更高，但氢内燃机在整体动力系统的能效方面也有不俗的表现。

资源可持续性

资源丰富：氢气作为一种可再生能源，可以通过多种途径制取，包括电解水、天然气重整、工业副产氢等。随着可再生能源技术的不断发展和应用规模的扩大，氢气的制取成本有望进一步降低，为氢内燃航空器的广泛应用提供充足的资源保障。

降低对化石燃料的依赖：氢内燃航空器的使用有助于减少对传统燃油的依赖，推动航空业向更加清洁、可持续的方向发展。这对于保障国家能源安全、促进经济社会的可持续发展具有重要意义。

未来发展潜力

技术进步推动应用：随着氢内燃机技术的不断突破和创新，氢内燃航空器的性能将不断提升，应用领域也将不断拓展。未来，氢内燃航空器有望成为航空业的重要组成部分，为人们的出行提供更多选择。

政策支持促进发展：各国政府正在加大对清洁能源技术的支持力度，包括氢能源技术的研发和应用。这将为氢内燃航空器的发展提供有力的政策保障和市场机遇。

氢内燃航空器在环保性、能效、资源可持续性和未来发展潜力等方面相较于燃油航空器具有显著优势。这些优势使得氢内燃航空器成为未来航空业发展的重要方向之一，有望为全球航空业的可持续发展做出重要贡献。

10.4.2 氢内燃航空器相较于氢燃料电池航空器的优势

氢燃料电池航空器则采用氢燃料电池作为动力源。氢燃料电池通过电化学反应将氢气和氧气转化为电能和水，为飞机提供动力。氢燃料电池技术已经发展了数十年，具有无污染、高效率等优点。

价格优势

氢内燃机对氢气纯度没有特殊要求，且可以使用内燃机行业已有的技术和生产线进行生产。这意味着氢内燃机的制造成本相对较低。相比之下，氢燃料电池的制造需要更专业的技术和设备，成本较高。因此，在价格方面，氢内燃航空器具有明显优势。

资源利用效率高

氢内燃机通过燃烧氢气产生动力，能量转换效率较高。氢燃料电池虽然发电效率也可达到 50% 以上，但在实际应用中，由于电池重量、散热等因素的限制，其整体能源利用效率低于氢内燃机。特别是在需要大功率输出的场景下，氢内燃机更能发挥其优势。

续航能力更强

氢内燃机的续航能力相对较强，以我国自主研制的四座氢内燃飞机原型机为例，其留空时间大于 1 小时。氢燃料电池飞机的续航能力则受到储氢量和电池重量的限制。目前，氢燃料电池飞机的续航能力一般在 500 公里左右，若携带液态氢能，续航能力可达到 5000 公里。

适用场景更广

氢内燃航空器适用于多种飞行场景和任务需求。其具有较高的功率输出和续航能力，可以满足从短途通勤到长途旅行的多种需求。氢燃料电池航空器目前主要应用于小型无人机和短途通勤等场景，其的大规模商业化应用仍需时日。

10.4.3 氢内燃航空器的劣势

氢内燃航空器在展现其诸多优势的同时，也存在一些不可忽视的缺点。

技术成熟度不足

氢内燃机技术在航空领域的应用仍处于初级阶段，相较于传统燃油发动机，其技术成熟度还有待提高。这主要体现在以下几个方面。

研发难度：氢内燃机的设计和制造需要解决氢气燃烧过程中的一系列技术难题，如点火控制、燃烧稳定性、热效率提升等。这些问题的解决需要投入大量的研发资源和时间。

可靠性验证：氢内燃航空器在实际应用中的可靠性尚需进一步验证。由于航空器对安全性的要求极高，任何技术上的不成熟都可能导致严重的后果。

成本较高

从目前现有的资料来看，氢内燃航空器的成本相对较高，这主要源于以下几个方面。

氢内燃机成本：氢内燃机的制造成本高于传统燃油发动机，这主要是由于其采用了更先进的技术和材料。

储氢系统成本：氢气具有低密度和高能量特性，需要高压或液化存储，这增加了储氢系统的复杂性和成本。储氢系统的成本占据了氢内燃航空器总成本的一大部分。

基础设施建设成本：加氢站等基础设施的建设和维护成本也较高，这限制了氢内燃航空器的普及和应用范围。

安全风险

氢气是一种极易泄漏甚至爆炸的气体，这给氢内燃航空器的安全性带来了严峻挑战。具体表现在以下几个方面。

氢气泄漏风险：在氢内燃航空器的生产、运输、储存和使用过程中，如果发生氢气泄漏，将可能引发爆炸等严重后果。

储存安全：保证氢气的储存安全需要采用高压或低温储存方式，这会增加储存系统的复杂性和安全隐患。

加注安全：在加注氢气时，如果操作不当或设备故障，也可能引发安全事故。

基础设施缺乏

目前，全球范围内的加氢站等基础设施相对缺乏，这限制了氢内燃航空器的普及和应用。具体表现在以下几个方面。

加氢站数量不足：与燃油加油站相比，加氢站的数量远远不能满足氢内燃航空器的需求。这导致氢内燃航空器在长途飞行或跨区域飞行时面临加油难题。

分布不均：现有的加氢站主要分布在少数发达国家和地区，这使得其他地区的氢内燃航空器用户面临更大的加油困难。

市场接受度低

由于氢内燃航空器技术相对较新，市场对其的认知度和接受度还较低。这主要体现在以下几个方面。

消费者认知不足：大多数消费者对氢内燃航空器的了解有限，对其性能、安全性和成本等方面的认知存在偏差。

市场推广困难：由于技术成熟度和基础设施等方面的限制，氢内燃航空器的市场推广面临诸多困难。

氢内燃航空器在技术成熟度、成本、安全隐患、基础设施和市场接受度等方面存在一些不可忽视的缺点。然而，随着技术的不断进步和市场的逐渐成熟，这些问题将迎刃而解。

未来，随着氢内燃机技术的进一步成熟和完善，以及氢能源供应体系的不断完善，氢内燃航空器有望实现更广泛的应用和推广。同时，我们也需要关注氢内燃航空器在研发、生产和使用过程中可能面临的技术挑战和安全风险，并采取相应的措施加以解决。在推动氢内燃航空器发展的同时，我们也应关注氢燃料电池航空器的技术进步和应用潜力。两者各有优劣，我们应根据具体需求和场景选择合适的动力源，通过不断优化和创新技术路线，推动航空业向更加清洁、高效、可持续的方向发展。[3]

10.5 离子推进技术

离子推进技术作为一种先进的空间电推进技术，其核心原理在于利用电能加热或电离推进剂产生离子，在静电场的作用下加速喷出，从而产生推力。这种推进方式具有推力小、比冲高、工质质量需求小、寿命长等特点，被广泛应用于航天器的姿态控制、位置保持、轨道机动以及星际飞行等领域。随着低空产业的迅猛发展，离子推进技术环保、静音的特点未来也可能在低空经济等领域大显身手。

10.5.1 技术原理

基本概念

离子推进技术属于非常规推进系统，它借助电能使工质离解成为带电粒子，再通过加速这种带电粒子流来获得推力。这种技术被广泛应用于航天器姿态控制、位置保持、轨道机动和星际飞行等空间推进领域。

技术原理

离子推进技术的工作原理可以归纳为以下几个步骤。

电离过程：将气体（如氙气）引入电离区，并通过电弧加热、栅极提取或脉冲放电等方式使气体电离，形成由离子和电子组成的等离子体。

加速过程：在强电场作用下，电离产生的离子被加速，形成高速离子流。这个电场可以由栅极、加速电极或霍尔效应产生的正交场等形成。

喷出过程：加速后的离子流从推力器的喷口喷出，通过反作用力推动航天器前进。由于离子流的速度很高，每秒可达几十、几百千米甚至更高，因此即使推力较小，也能在长时间作用下产生显著的加速效果。

技术特点

离子推进技术具有高比冲、长寿命等显著特点。

高比冲：与传统的化学推进方式相比，离子推进技术可以提供更高的比冲（即单位质量推进剂产生的推力）。这意味着在携带相同质量推进剂的情况下，离子推进器可以将航天器加速到更高的速度。

长寿命：由于离子推进器的工作寿命主要取决于电子发射体和加速栅极等关键部件的耐久性，因此通过优化设计和材料选择，其可以实现长达数年甚至数十年的连续工作。

低耗能：离子推进器所需的推进剂质量远小于化学燃料火箭，这对于需要长时间在轨工作的卫星和航天器来说具有重要意义。

精准控制：在外太空微重力环境下，卫星的调姿和变轨只需微小推力就已足够。离子推进器由于推力小、可精准调节，因此非常适用于这类任务。

10.5.2 在太空的应用

离子推进技术自20世纪60年代起开始得到研究和应用，目前已经成为空间推进领域的重要技术之一。随着科技的不断进步，离子推进技术也在不断创新和完善。例如，采用新型材料、优化磁场设计和提高电离效率等手段，可以进一步提升离子推进器的性能和可靠性。

在应用方面，离子推进技术已经被广泛应用于各种航天器和卫星上。

例如，亚太 6E 卫星就集成了离子和霍尔两种国产全电推进技术，具备很强的自主管理能力和太空自主生存能力。此外，离子推进技术还在深空探测、地球同步轨道卫星平台等领域发挥着重要作用。

10.5.3　在低空领域的实践案例

尽管离子推进技术相较传统航空推进技术有如此多的优点，但其应用在低空飞行领域有不可忽视的技术挑战，如推力密度有限、电源系统需求高、系统集成复杂等问题。解决这些问题需要进一步的技术研发和创新。目前已有不少业内专家甚至业余爱好者制作出了离子推进飞行器。

麻省理工学院（MIT）的离子推进飞机

麻省理工学院的史蒂文·巴雷特（Steven Barrett）副教授领导的团队，研发出了一款采用"离子风"推进的飞机，并在室内试飞成功。这款飞机没有螺旋桨、涡轮机等机械运动部件，其利用带电空气分子碰撞形成的"离子风"提供飞行所需推力。

该飞机通过机翼下方的电极组产生高压电场，使空气中的氮和氧离子分离并加速喷出，形成推力。这种推进方式实现了低噪音和零排放的飞行。虽然目前这款飞机的推进力还不足以满足商用飞机的需求，但它展示了离子推进技术在航空领域的巨大潜力。未来，随着技术的不断进步，离子推进器有可能在无人机、短距离飞行器等低空领域得到广泛应用。

离子推进无人机

美国佛罗里达州的 Undefined Technologies 公司成功打造了一款几乎静音飞行的离子推进无人机。这款无人机采用 Air Tantrum 技术，几乎不需要任何活动部件，实现了低噪声、低排放的飞行。该无人机通过特定的技术手段产生离子风，为无人机提供飞行所需推力。这种推进方式不仅降低了噪声和排放，还提高了无人机的隐蔽性和续航能力。其低噪声、低排放的特点使其能够在敏感区域执行任务而不被轻易发现，在军事侦察、环境监测等领域具有广阔的应用前景。

此外，在互联网上，也有网友展示了其制作的离子推进无人机或是离子推进无人飞艇。随着技术的不断进步，离子推进装置在解决其推力密度、电源等问题后，离子推进飞行器离我们就不远了。

第 11 章 信息技术突破

11.1 5G-A 通信技术

随着科技的飞速发展，5G 技术已经成为现代社会发展的重要基石。而在 5G 技术的基础上，5G-A（5G Advanced）技术应运而生，以其更高速率、更低时延和更广泛的连接能力，为各行各业带来了巨大的变革潜力。特别是在低空产业中，5G-A 技术的应用前景更是广阔无垠。

11.1.1 5G-A 技术概述

5G-A（5G-Advanced）是 5G 网络的演进和增强版本，也被称为 5.5G，它在多个方面对 5G 进行了显著的提升和扩展。以下是 5G-A 与 5G 的主要区别。

- 网络速度：5G-A 提供了更快的网络速度，下行峰值速率从 5G 初期的千兆提升到万兆，上行从百兆提升到千兆，支持海量数据全面上云端、直播全民化、全息交互的对称体验等。
- 延迟：5G-A 支持毫秒级时延，相比 5G 网络有倍数级提升，能够更好地满足低延迟需求的应用场景。
- 连接规模：5G-A 支持全场景全能力千亿连接，从工业级高速连接到

RedCap、无源物联等全系列物联模组，大幅扩展了连接能力。
- 无源物联网：5G-A 引入了无源物联网技术，使得物体在没有电源连接的情况下也能与基站进行通信，极大地扩展了物联网的应用范围。
- 内生智能：5G-A 引入了内生智能等全新的革命性技术，能更好地匹配人联、物联、车联、高端制造、感知等场景。
- 定位精度：5G-A 将支持厘米级的定位精度，相比 5G 网络有显著提升，满足高精度定位需求的应用场景。

11.1.2 5G-A 技术的特点与优势

5G-A 技术作为 5G 的演进方向，不仅继承了 5G 高速率、低时延、大连接等核心优势，还在此基础上进行了进一步的提升和优化。具体来说，5G-A 技术的主要特点包括以下几个方面。

- 通感融合：5G-A 技术通过将通信与感知能力相结合，实现了对环境的智能感知和数据的实时传输。这一特点在低空产业中尤为重要，因为它可以帮助飞行器实现更加精准的导航和避障。[4]
- 天地一体化：5G-A 技术支持天地一体化的通信网络构建，能够将地面通信网络与卫星通信网络相融合，从而提供更加广泛和稳定的覆盖。这对于需要在广阔空域进行作业的低空产业来说，无疑是一个巨大的优势。
- 网络智能化：5G-A 技术通过引入人工智能和大数据技术，实现了网络的智能化管理和优化。这不仅可以提高网络的运行效率，还可以降低运维成本，为低空产业提供更加可靠和高效的通信服务。
- 交互式通信：5G-A 技术支持设备之间的实时交互和协同工作，这对于需要多飞行器协同作业的低空产业来说具有重要意义。通过交互式通信，各飞行器可以实时共享信息、协同完成任务，从而提高工作效率和安全性。

11.1.3　5G-A技术在低空产业中的应用

无人机物流

随着电商和快递行业的快速发展，无人机物流已经成为一个新的发展趋势。搭载 5G-A 技术的无人机可以实现更加精准和高效的货物配送。无人机可以在复杂的城市环境中进行自主导航和避障，同时还可以通过 5G-A 网络实时传输货物信息和配送状态，提高物流效率和客户满意度。

空中交通管理

在低空产业中，空中交通管理是一个至关重要的环节。5G-A 技术可以实现对飞行器的实时监控和调度，确保空中交通的安全和顺畅。此外，5G-A 技术还可以支持多飞行器之间的协同作业，提高空中交通的效率和灵活性。

航空旅游与拍摄

随着人们生活水平的提高和旅游业的快速发展，航空旅游和空中拍摄已经成为新的旅游热点。通过搭载 5G-A 技术的飞行器，游客可以享受到更加高清和稳定的空中拍摄体验。同时，5G-A 技术还可以支持实时视频传输和分享，让游客能够随时随地将美丽的空中景色分享给亲朋好友。

应急救援与灾害监测

在应急救援和灾害监测领域，5G-A 技术也发挥着重要作用。搭载 5G-A 技术的无人机或直升机可以实现对灾区的实时监控和数据传输。这不仅可以为救援人员提供准确的灾区信息，还可以帮助他们制定更加有效的救援方案。

11.1.4 具体实用案例

5G-A 技术助力无人机跨海运输

在浙江舟山与上海之间，全球首次百公里级 5G-A 通感一体跨海航线低空网络覆盖已经实现。这一创新举措利用了中国移动的多频协同、低空覆盖优化等技术手段，成功实现了 5G 网络在 300 米低空的全海域完善覆盖。这意味着，舟山捕获的海鲜可以通过无人机直接运送，短时间内就能出现在上海人的餐桌上。这不仅为长三角一体化发展注入了新的动力，也充分展示了 5G-A 技术在低空经济领域的巨大应用潜力。

5G-A 技术在无人机物流配送中的应用

在河北，中国移动河北公司成功完成了 5G-A 无人机紧急医疗物资运输的首飞。"5G-A+ 区块链 +AI"技术实现了医院与血站间血液的低空高效配送，这是 5G-A 赋能医疗救助的生动实践。此外，该公司还利用 5G-A 技术，在白洋淀实施了无人机通感一体鸟类保护项目，通过精确感知和可视化监控低空无人机、飞鸟和船只的数据，为生态保护提供了新的科技手段。

尽管 5G-A 技术在低空产业中具有广阔的应用前景，但在实际应用过程中仍然面临一些挑战。首先，5G-A 技术的部署和运营成本相对较高，需要投入大量的资金和资源。其次，低空产业的法规和标准尚不完善，需要政府和相关机构进一步加强监管和规范。最后，随着低空产业的不断发展，其对于通信技术的需求也将不断增长，这就需要 5G-A 技术不断创新和优化以满足市场需求。

5G-A 技术在低空产业中的应用具有巨大的潜力和价值。充分发挥 5G-A 技术的优势特点并结合低空产业的实际需求，可以推动低空产业向更加智能化、高效化和安全化的方向发展。同时，我们也应该清醒地认识到，在实际应用过程中，我们仍然面临诸多挑战，政府、企业和科研机构等各方需共同努力推动 5G-A 技术在低空产业中的应用。

11.2 低轨卫星互联网技术

低轨卫星互联网技术是指利用地球低轨道卫星星座提供互联网接入服务为主的卫星系统技术。低轨卫星互联网运营商通过发射一系列位于地球低轨道（通常指轨道高度在 500 千米至 2000 千米）的小型卫星，形成卫星星座，从而为用户提供互联网接入服务。低轨卫星互联网具有低时延、广覆盖、易组网等特点。相比高轨卫星，低轨卫星由于距离地球更近，信号传输时延显著降低，同时能够更容易地实现全球覆盖。

随着科技的飞速发展，人类对太空及低空领域的探索日益深入。低轨卫星互联网技术与低空产业作为两个看似独立实则紧密相连的领域，正逐渐展现出其强大的潜力与广阔的市场前景。本节以 SpaceX 的"星链"为例，阐述其对低空产业的影响以及未来发展趋势。

11.2.1 星链技术概述

星链（Starlink）技术是由美国太空探索技术公司（SpaceX）提出并实施的低轨互联网星座计划。该计划旨在通过发射大量低轨道卫星，构建一个覆盖全球的卫星互联网网络，提供高速、稳定的互联网接入服务。星链技术的核心在于其卫星网络的构建与运营，这些卫星不仅能够覆盖地球的每一个角落，还能通过先进的通信技术，实现与地面站的高速数据传输。

星链技术的实施对于提升全球互联网覆盖率和网络质量具有重要意义。尤其是在偏远地区、海洋等传统网络难以覆盖的场所，星链技术能够提供可靠的网络连接，促进这些地区的经济和社会发展。同时，星链技术还具有抗干扰能力强、网络延迟低等优势，为军事、航空、航海等领域提供了全新的通信解决方案。

11.2.2 星链技术对低空产业的影响

星链技术对低空产业的影响主要体现在以下几个方面。

增强低空飞行的通信保障

星链技术通过全球覆盖的卫星互联网网络，为低空飞行活动提供了稳定、可靠的通信保障。无人机等低空飞行设备可以通过星链网络实现实时数据传输和远程控制，大大提高了低空飞行的安全性和效率。

拓展低空产业的应用场景

星链技术的全球覆盖能力使得低空产业的应用场景得到了极大拓展。无论是在偏远地区进行环境监测，还是在海洋上进行搜救行动，星链技术都能提供及时、有效的通信支持，推动低空产业向更广泛的领域发展。

促进低空产业的智能化升级

星链技术的高速数据传输能力和低延迟特性，为低空产业的智能化升级提供了有力支持。通过星链网络，无人机等低空飞行设备可以实时传输高清图像、视频等数据，为智能分析、决策提供支持，推动低空产业向更高层次的发展。

11.2.3 融合发展趋势

随着低轨互联网技术的不断完善和低空产业的持续发展，二者之间的融合趋势日益明显。未来，低轨互联网技术将与低空产业更加紧密地结合在一起，共同推动相关领域的创新发展。

卫星互联网与无人机技术的深度融合

低轨互联网技术的卫星互联网网络与无人机技术将实现深度融合。无人机可以利用星链网络进行远程控制和数据传输，实现更高效的飞行任务执行。同时，低轨互联网技术还可以为无人机提供精确的导航和定位服务，提高飞行的安全性和准确性。

拓展低空产业的全球市场

低轨互联网技术的全球覆盖能力将推动低空产业拓展全球市场。无人机等低空飞行设备可以借助星链网络在全球范围内进行作业，为国际救援、环境监测等提供及时、有效的支持。这将大大促进低空产业的国际化发展，提高相关企业的市场竞争力。

创新低空产业的商业模式

低轨互联网技术将为低空产业带来新的商业模式和创新机会。例如，通过低轨互联网网络提供的高清图像和视频数据，我们可以开发出更多基于无人机的娱乐、教育等服务；同时，低轨互联网技术还可以支持低空飞行设备的远程控制和管理，为相关行业提供更加智能、高效的服务。

低轨互联网技术为低空产业提供了全球覆盖的通信保障和智能化升级的支持，推动了低空产业向更广泛、更高层次的发展。同时，低空产业的快速发展也为低轨互联网技术的应用提供了更多场景和需求，促进了低轨互联网技术的不断完善和创新。

展望未来，随着科技的进步和市场的拓展，低轨互联网技术与低空产业之间的融合将更加深入。无人机等低空飞行设备将更加智能化、自主化，低轨互联网技术也将不断得到优化和完善，为低空产业提供更加稳定、高效的通信服务。这将为全球经济发展、环境保护、应急救援等领域带来更多的创新机会和发展空间。同时，我们也应关注到相关技术的安全性和隐私保护问题，确保科技发展的同时保障人类的利益和安全。同时，我们也期待中国的低轨互联网技术未来也能得到逐步完善。

11.3 无人机感知避障技术

无人机实现感知避障是一个复杂且不断发展的技术领域，它涉及多个环节，包括环境感知、障碍物检测、路径规划和飞行控制等。本节将从无人机避障技术的原理、避障路径规划、产业应用等方面，详细阐述无人机如何实现感知避障。

11.3.1 无人机避障技术原理

无人机避障技术的核心在于环境感知和智能决策。无人机通过搭载的各种传感器收集外部环境的信息，经过处理和分析后，识别出可能妨碍其稳定飞行的障碍物，并据此做出避障决策。这一过程可以简单概括为感知障碍物、绕过障碍物和路径搜索三个阶段。

感知障碍物

无人机在飞行过程中，先需要感知到周围环境中可能存在的障碍物。这一阶段的实现依赖于无人机所搭载的传感器，如超声波雷达、毫米波雷达、激光红外传感器、双目视觉传感器等。这些传感器能够捕捉周围环境中的信息，如距离、形状、大小等，从而帮助无人机识别出障碍物。

超声波雷达：利用声波反射原理测量距离，适用于近距离障碍物检测，但精度和抗干扰能力有限。

毫米波雷达：能够穿透雨雾等恶劣天气，探测距离远且精度高，但成本较高。

激光红外传感器：通过发射激光束并接收反射光来测量距离，精度和抗干扰能力强，但受限于体积和功耗，不太适用于小型无人机。

双目视觉传感器：模拟人眼立体视觉原理，通过两个摄像头捕捉图像并计算视差来获取深度信息，适用于复杂环境且普适性强。

绕过障碍物

在感知到障碍物后，无人机需要采取措施绕过它。这一阶段的关键在于获取障碍物的精确轮廓和深度图像，以便无人机能够做出准确的避障动作。无人机通过传感器获取障碍物的详细信息后，利用算法计算出最佳的避障路径，并控制自身飞行以绕过障碍物。

路径搜索

在绕过障碍物后，无人机需要继续规划飞行路径以到达预定目标。路径规划算法在这一阶段可以发挥重要作用。无人机根据当前环境信息和自身飞行状态，利用算法自动规划出最优飞行线路，确保安全、高效地完成任务。

11.3.2　避障路径规划

无人机避障的路径规划是无人机为了从起点安全地飞到终点，并在此过程中避开所有障碍物。路径规划算法多种多样，包括基于图论的算法、基于强化学习的算法、蚁群算法等。

基于图论的算法

基于图论的算法将飞行空间划分为一系列节点和边组成的图结构，通过搜索图中的最短路径来实现避障。这种算法具有求解迅速的优点，但在复杂环境中构建图结构可能较为困难。

基于强化学习的算法

基于强化学习的算法通过让无人机在模拟环境中不断试错和学习来优化避障路径。这种算法能够适应复杂多变的环境，但需要大量的计算资源和时间来进行训练。

蚁群算法

蚁群算法模拟蚂蚁觅食过程中的路径选择行为，通过模拟蚂蚁释放信息素来引导无人机选择最优路径。这种算法具有分布式计算、自组织性等优点，但在实际应用中可能受到环境噪声等因素的影响。

11.3.3 产业应用

无人机避障技术在多个领域具有广泛的应用前景，包括军事、应急、航空摄影、农业和物流等领域。

军事领域

在战争中，无人机需要穿越敌方阵地、山区等复杂环境执行任务。避障功能可以有效防止无人机与障碍物碰撞，提高安全性和任务成功率。

应急救援

在灾区救援、消防灭火等场景中，无人机需要穿越建筑物、森林等复杂环境进行探测或救援工作。避障功能可以提高无人机的安全性和工作效率，为救援工作提供有力支持。

航空摄影领域

在航空摄影中，无人机需要拍摄城市、景区等大型场景。避障功能可以有效避免无人机与建筑物等障碍物的碰撞，提高拍摄质量和安全性。

农业领域

在农业领域中，无人机被广泛应用于喷洒农药、播种等作业。避障功能可以有效避免无人机与树木、电线等障碍物的碰撞，提高作业效率和质量。

物流领域

在物流领域中，无人机被用于配送货物、快递等物品。避障功能可以有效避免无人机与建筑物、道路等障碍物的碰撞，提高配送效率和安全性。

无人机避障技术的发展为无人机在复杂环境中的安全飞行提供了有力保障。随着传感器技术、算法和计算能力的不断提升，无人机避障技术将实现更加智能化和自主化的发展。未来，无人机避障技术将在更多领域得到广泛应用，为人类的生产和生活带来更多便利和安全。

11.4 有人机与无人机的融合飞行

低空空域无人机与有人机的融合运行可以实现低空资源的高效利用，而且随着无人机细分市场的快速发展，也是未来的必然发展趋势。电影《绝密飞行》相关桥段也展示过类似的融合飞行的场景。有人机与无人机的融合运行是一个复杂且需要从技术、政策、管理等多方面考虑的交通管理问题，但随着未来低空资源的逐步利用，低空资源越来越饱和，融合运行是必然的趋势。

11.4.1 融合运行是必然趋势

有人机与无人机的融合运行可以充分利用空域资源，提高运行效率。无人机可以在一些复杂或危险的环境中执行任务，而有人机则可以执行更复杂的任务或提供人员运输等服务。两者相互配合，可以更好地满足不同的任务需求。

在 UAM 场景下，空域资源显得尤为紧张，在如此紧张的空域资源下，要兼顾无人机低空物流配送、eVTOL 空中交通运输等业务，只有充分将不同类型的航空器融合在统一空域监管机制下，才能确保不同类型的空中运输模式不出现冲突的情况，也才能确保 UAM 的有序性。

无人机相对于有人机来说，制造成本和运营成本都较低。在融合运行中，我们可以根据任务需求灵活选择使用无人机或有人机，从而降低整体运营成本。

融合运行需要基于智能感知与避让技术的发展，以实时获取准确的飞行信息，自主做出避让决策，避免发生碰撞事故，从而增强整个空域的安全性。

11.4.2　技术和管理等难题

技术层面的挑战

一是在飞行器信息感知层面。在复杂的空中环境中，无人机和有人机需要实时感知周围的飞行环境，包括其他飞行器、障碍物、气象条件等。这要求智能感知与避让技术具备高度的准确性和可靠性。然而，现有的技术在这方面仍存在一定的局限性，如感知范围有限、障碍物识别精度不高、避让决策不够智能等。

二是在通信与数据链层面。无人机与有人机之间的通信和数据传输是实现融合运行的关键。然而，现有的通信与数据链技术可能无法满足融合运行对实时性、可靠性、安全性和抗干扰性的要求。例如，在高速飞行或复杂电磁环境下，通信信号可能会受到干扰或中断，导致数据传输延迟或丢失。

管理层面的挑战

实现无人机与有人机的融合运行，需要建立一个统一的空域管理体系和监管机制。然而，现有的空域管理体系和监管机制可能无法满足融合运行的需求。例如，空域划分不明确、飞行规则不统一、监管手段落后等问题都可能导致无人机和有人机之间的冲突和混乱。

11.4.3　技术和管理现状

国内无人机和有人机融合运行现状正在逐步发展和完善中。近年来，随着无人机技术的飞速发展和应用需求的不断增加，无人机在各个领域的应用越来越广泛，与有人机的融合运行也成为一个重要的发展趋势。目前，国内已经建立了一套较为完善的无人机管理体系，包括无人机注册、飞行计划申请、空域管理等方面的规定。同时，为了推动无人机和有人机的融合运行，相关部门也在积极研究和制定相关政策和技术标准。

在技术方面，国内已经取得了一些重要的进展。例如，智能感知与避让技术、通信与数据链技术等关键技术的不断突破，为无人机和有人机的融合运行提供了有力支持。此外，国内还开展了对于无人机和有人机融合运行的试验和验证工作，例如，四川自贡航空产业园已上线全国首例民航航空（有人机）/无人机"融合训练程序"运行模式，日均运行量多大数小时。这些实践工作为后续标准建立、管理模式创新积累了宝贵的经验。

然而，正如上文提到的，目前无人机和有人机融合运行还存在一些问题和挑战，诸如技术标准不统一、管理体系不完善、安全隐患等问题仍然存在。此外，由于无人机和有人机的运行特点和规律不同，如何实现两者的协同运行和空域共享也是一个需要解决的难题。因此，未来国内还需要继续加强无人机和有人机融合运行的研究和发展工作，包括进一步完善管理体系和技术标准、加强技术研发和测试验证、推动产业协同发展等方面的工作；同时，还需要加强与国际社会的交流和合作，借鉴国际先进经验和技术成果，推动国内无人机和有人机融合运行水平的不断提高。

11.4.4 未来发展方向

我们需要通过技术的进步、管理的创新以及标准的建立来逐步实现无人机与有人机的融合运行这一目标。我们的解决思路和方向如下。

建立统一的空域管理体系

为了实现无人机与有人机的融合运行，我们需要建立一个统一的空域管理体系，对无人机和有人机的飞行活动进行统一的管理和调度。这个体系需要考虑到无人机和有人机的不同特点,制定相应的飞行规则和管理制度,确保两者在空域中的安全运行。

发展智能感知与避让技术

无人机与有人机在空中飞行时,需要实时感知周围的飞行环境,包括其他飞行器、障碍物、气象条件等。因此,我们需要持续发展智能感知与避让技术,使无人机和有人机能够实时获取准确、全面的飞行信息,并自主做出避让决策,避免发生碰撞事故。

完善通信与数据链技术

无人机与有人机之间的通信和数据传输是实现融合运行的关键。我们需要完善通信与数据链技术,确保无人机与有人机之间能够实现实时、可靠的通信和数据传输;同时,还需要考虑到通信干扰、数据加密等问题,确保通信的安全性和保密性。

制定合理的飞行计划和航线规划

无人机与有人机在融合运行时,我们需要制定合理的飞行计划和航线规划,甚至可能针对不同场景(尤其是 UAM 场景)对低空空域进一步细分,明确各类型飞行器的运行高度。这需要根据任务需求、空域条件、气象条件等因素进行综合考虑,确保两者在空域中的有序运行。

加强监管和应急处置能力

无人机与有人机的融合运行需要我们加强监管和应急处置能力。在大流量 UAM 场景下,人工监管无法满足此类场景的流量需求,我们应该采用自动化的监管模式。同时,监管部门需要加强对无人机和有人机的飞行活动的监管力度,确保两者遵守飞行规则和管理制度,以及建立完善的应急处置机制,对突发事件进行快速响应和处理。

实现低空空域无人机与有人机的融合运行需要我们从多个方面进行考虑和努力。我们要建立完善的空域管理体系,发展智能感知与避让技术,完善通信与数据链技术，制定合理的飞行计划和航线规划以及加强监管和应急处置能力等。只有这样，我们才能确保无人机和有人机在低空空域中的安全、有序运行。

值得关注的是，在民航局于2023年年底发布的2024年民航发展基金相关补贴资金预算方案中，由中国民航飞行学院承担的"低空空域无人机与有人机融合运行关键技术及规则研究"项目、中国民航管理干部学院承担的"城市场景有人无人协同运行关键技术研究、原型系统开发与飞行验证"项目，将就相关技术和管理条件开展研究，希望上述项目后续的研究成果能够为融合运行奠定坚实基础。

11.5 人工智能技术在低空经济中的应用

随着科技的飞速发展，人工智能（AI）技术已经渗透到社会经济的各个领域，低空经济也不例外。低空经济作为一种新兴的经济形态，依托低空空域资源，利用有人驾驶和无人驾驶航空器开展各类飞行活动，正逐步成为推动社会经济发展的重要力量。AI技术的引入不仅提升了低空经济的运行效率，还显著增强了安全性和可靠性。本文将从多个维度详细阐述AI技术在低空经济中的应用，探讨其对低空经济带来的变革与影响。

11.5.1 应用背景

随着无人机等低空飞行器的广泛应用，空域管理变得日益复杂，人们对安全性和运行效率的要求也不断提高。AI以其强大的数据处理能力、智能决策支持和自动化控制能力，为解决这些问题提供了全新的思路。通过AI的应用，低空经济能够实现更高效、更安全、更智能的发展。

11.5.2 具体应用分类

低空基础设施智能化

空域管理与优化：AI技术通过大数据分析和机器学习算法，能够对低空空域进行实时监控和动态调整，确保空中交通的有序运行；基于深度学习的空域分层治理能力，能够提升飞行审批效率、自主式决策实时监控飞行状态、数据驱动式决策精准处置违规行为等，从而提高空域分层治理能力。这不仅提高了空域运行效率，还减轻了空域管制员的工作负荷。

基础设施监测与维护：利用无人机搭载的高精度传感器和AI图像识别技术，可以实现对低空基础设施的实时监测和智能维护。例如，通过无人机对输电线路、桥梁、隧道等基础设施进行巡检，结合AI算法对采集到的图像和视频数据进行分析，可以及时发现并报告潜在的安全隐患，确保设施的正常运行。

低空飞行器制造升级

设计与制造：AI技术在低空飞行器的设计与制造过程中发挥着重要作用。通过模拟仿真和优化算法，AI能够对飞行器的气动性能、结构强度等进行全面评估，提高设计效率和准确性。在制造阶段，AI技术可以用于自动化生产和质量检测，确保飞行器的制造精度和可靠性。例如，通过AI算法对制造过程中的数据进行实时监控和分析，可以及时发现并纠正生产偏差，提高产品质量。

智能飞行控制：AI技术还显著提升了低空飞行器的智能飞行控制水平。通过深度学习等先进技术手段，无人机等低空飞行器能够在复杂环境中实现自主避障和路径规划，确保飞行安全。基于SLAM（Simultaneous Localization and Mapping）的导航避障算法使无人机能够在没有GNSS信号的情况下进行精确定位和导航。此外，AI技术还可以优化无人机的航迹规划，使其能够根据实时数据调整飞行路径以适应复杂的飞行环境。

低空运营服务优化

物流配送：无人机物流配送是低空经济的重要应用之一。AI 技术通过优化路径规划、实时数据分析、智能避障等技术手段显著提升了无人机物流网络的效率。例如，通过 AI 算法对配送路线进行优化选择，可以缩短配送时间、降低能耗成本；通过实时数据分析对配送过程进行监控和调整，可以确保货物安全、准确地送达目的地。此外，AI 技术还可以实现无人机物流网络的智能化调度和管理，提高整体运营效率。

城市空中交通（UAM）：城市空中交通是低空经济的另一重要领域。随着大量无人机和空中出租车的引入，空域管理的复杂性急剧增加。AI 技术通过大数据分析和机器学习算法对低空空域进行实时监控和动态调整，确保空中交通的有序运行。基于 AI 的空中交通管理系统能够高效调度飞行器，确保空中交通的安全和顺畅。例如，德国的 Volocopter 公司开发了一种基于 AI 的空中交通管理系统，能够在繁忙的城市环境中有效管理飞行器运行。

低空飞行安全保障

智能监控与预警：AI 技术通过构建智能空域监管系统对低空飞行器进行实时监控和预警，利用雷达和可见光传感器协同工作的方式，结合 AI 算法对低空空域中的多个单目标实现精确跟踪和识别，提高整个系统的跟踪精度；通过实时数据分析对飞行器的运行状态进行监测和评估，及时发现并报告潜在的安全隐患、确保飞行安全。

故障诊断与预测：基于深度学习的无人机飞控系统运行状态监测与智能诊断技术，能够从数据中自主学习到不同故障的相关特征信息，实现对无人机的实时监测与故障诊断。这种技术的应用显著提高了无人机在执行复杂任务时的安全性和可靠性。在故障诊断方面，深度学习机制可以通过分析历史数据来预测未来可能发生的故障，从而提前采取预防措施，减少因故障导致的任务中断和损失。

11.5.3 实际案例

亚马逊 Prime Air 项目

亚马逊 Prime Air 项目是利用 AI 技术实现自动化无人机配送系统的典型案例。该项目通过 AI 算法对配送路线进行优化选择缩短配送时间、降低能耗成本；通过实时数据分析对配送过程进行监控和调整确保货物安全、准确地送达目的地。此外，该项目还利用 AI 技术实现无人机物流网络的智能化调度和管理，提高整体运营效率。

德国 Volocopter 空中交通管理系统

德国的 Volocopter 公司开发了一种基于 AI 的空中交通管理系统。该系统能够在繁忙的城市环境中高效调度飞行器确保空中交通的安全和顺畅。通过大数据分析和机器学习算法对低空空域进行实时监控和动态调整，该系统能够实时处理来自各个飞行器的数据并根据交通流量、天气条件等因素进行智能决策和调度。这一系统的应用为城市空中交通的发展提供了有力支持。

日本 SkyDrive 低空观光项目

日本的无人机公司 SkyDrive 利用 AI 技术为低空观光定制了个性化的飞行路线和娱乐内容，通过虚拟现实（VR）和增强现实（AR）技术的结合 AI 技术，能够为用户提供沉浸式的观光体验。用户可以通过 VR 眼镜等设备，身临其境地感受到飞行的乐趣和刺激，同时获得独特的低空视角和体验。这一项目的成功实施为低空经济的发展带来了新的增长点和商业机会。

11.5.4 前景与挑战

随着 AI 技术的不断成熟和应用场景的不断拓展，AI 技术在低空经济中的应用前景将更加广阔。未来 AI 技术将进一步提升低空经济的运行效率、安全性和可靠性推动相关产业链的发展和完善。同时 AI 技术还将促进低空经济领域的商业模式创新，如基于飞行数据的保险定价、基于运营数据的按需服务等，可以为低空经济的发展注入新的活力。

尽管 AI 技术在低空经济中的应用前景广阔，但仍面临多重挑战。首先技术瓶颈亟待突破。当前无人驾驶航空器的感知与避撞、智能驾驶等关键技术仍未完全成熟，需要加大研发力度提高技术成熟度。其次空域管理复杂性增加。随着大量无人机和空中出租车的引入，空域管理变得日益复杂，需要加强空域监管系统的智能化水平，提高空域利用率和安全性。最后还需要解决法律法规、社会接受度等方面的问题，确保低空经济的可持续发展。

AI 技术在低空经济中的应用正逐步成为推动该领域发展的重要力量。通过 AI 技术的应用低空经济能够实现更高效、更安全、更智能的发展。未来，随着技术的不断进步和政策的持续支持，AI 技术在低空经济中的应用将更加广泛和深入，结合 AI 技术的低空经济将成为推动社会经济发展的重要力量，为智慧城市、四型机场（以"平安、绿色、智慧、人文"为核心）建设提供强有力的技术保障和发展动力。

第 12 章 航空飞行技术创新

12.1 扑翼飞行模式

在电影《沙丘》中，一种蜻蜓造型的飞行器以其独特的仿生设计和令人惊叹的飞行能力吸引了众多观众的目光。这种飞行器不仅具有高度的机动性和灵活性，还能够在各种复杂环境中自由穿梭。这些卓越性能的背后，正是基于一系列精妙的空气动力学原理。本节将深入解析蜻蜓飞行器的空气动力学设计——扑翼飞行技术，探讨其如何实现高效、稳定、灵活地飞行。

12.1.1 扑翼飞行的空气动力学原理

翅膀挥动产生的升力

扑翼飞行中，翅膀的快速挥动会在翅膀周围产生复杂的气流。翅膀向下挥动时，会压缩下方的空气，从而产生一个向上的升力。这个升力的大小取决于翅膀挥动的速度和幅度，以及翅膀的形状和面积。为了最大化升力，扑翼飞行器通常会采用大面积、轻质且具有一定弹性的翅膀。

翅膀挥动产生的推力

除了产生升力外，翅膀的挥动还会产生一个向前的推力。这是因为在翅膀挥动的过程中，空气被压缩并向后排出，从而产生一个向前的反作用力。推力的大小取决于翅膀挥动的速度和幅度，以及翅膀的形状和面积。为了增加推力，扑翼飞行器可能会采用更大的翅膀挥动幅度和更快的挥动频率。

涡流和旋涡的产生与利用

在扑翼飞行中，翅膀的快速挥动会在翅膀尖端产生涡流和旋涡。这些涡流和旋涡对于飞行器的稳定性和控制非常重要。通过合理利用这些涡流和旋涡，扑翼飞行器可以实现更高效的飞行。例如，某些鸟类在飞行时会利用翅膀尖端产生的涡流来增加升力，这种飞行技巧被称为"翼尖涡流利用"。[5]

非定常流动效应

扑翼飞行中的空气动力学问题属于非定常流动范畴。在翅膀挥动的过程中，气流的速度和方向都在不断变化，这使得扑翼飞行的空气动力学分析变得非常复杂。然而，正是这种非定常流动效应使得扑翼飞行器能够实现高机动性和灵活性。通过精确控制翅膀的挥动方式和速度，扑翼飞行器可以在短时间内实现快速爬升、俯冲和转向等复杂动作。

12.1.2 扑翼飞行器的技术要点

扑翼飞行器在设计上需要充分考虑空气动力学的原理，以实现高效、稳定的飞行。以下是一些关键的设计特点。

高频扑翼：蜻蜓飞行器的翅膀能够以非常高的频率进行挥动。这种高频扑翼的设计有助于提高升力和推力，使飞行器能够更快地爬升和加速。同时，高频扑翼也有助于减小飞行器的尺寸和重量，从而提高其机动性。

仿生翅膀形状：蜻蜓飞行器的翅膀形状模仿了真实蜻蜓的翅膀。这种形状能够更有效地压缩和排斥空气，从而产生更大的升力和推力。此外，仿生翅膀形状还有助于减小飞行时的阻力和噪声。

灵活转向：蜻蜓飞行器具有非常灵活的转向能力。这得益于其独特的扑翼设计和精密的飞控系统。通过调整翅膀挥动的幅度和频率，飞行器可以在空中进行快速转向，甚至实现原地悬停和倒飞等复杂动作。

高效能源：扑翼飞行器的能源和动力系统也是设计的关键考虑因素。由于扑翼飞行器需要持续进行高频的翅膀挥动，因此能源消耗较大。为了延长飞行时间，我们需要选择高效、轻质的电池和电机等动力设备；同时，还需要考虑能源的可持续性和环保性等因素。

12.1.3 现实中扑翼机的研究进展

在莱特兄弟之前，早在13世纪，人类就开始设计扑翼飞行装置，英国的修道士罗杰·培根在1250年发表的《工艺和自然的奥秘》一文中记述道："供飞行用的机器，上坐一人，靠驱动器械使人造翅膀上下扑打空气，尽可能地模仿鸟的动作飞行。"15世纪达·芬奇也设计过扑翼飞行装置。直到近现代，人类依然没有停止对扑翼飞行的设想以及开发。

然而，要实现人造扑翼飞行这一目标，我们仍需要克服许多技术难题和挑战。例如，如何制造出轻质且强度足够的材料来支撑高频扑翼的振动？如何设计出高效的能源系统来满足长时间飞行的需求？如何解决飞行过程中的稳定性和控制问题？因此，到目前为止，实用的扑翼飞行器并没有成功研制。

截至2024年，飞行时间最长的扑翼飞行装置纪录被西工大研制的"信鸽"仿生飞行器打破，其单次充电飞行时间在3小时5分30秒。

电影《沙丘》中展现的蜻蜓造型扑翼飞行器作为一种仿生飞行器，在空气动力学原理的应用方面具有独特的优势。通过深入解析其空气动力学设计，我们可以更好地猜想这种飞行器的卓越性能和潜在应用。随着科技的不断进步和创新能力的不断提高，我们有理由相信，也许在未来的某一天，蜻蜓/扑翼飞行器或许将从科幻走向现实，为人类的生活和工作带来更多的便利和惊喜。

12.2 eSTOL 飞行器

eSTOL（短距起降）飞行器（图 12.1）作为近年来新兴的技术成果，以其独特的设计和性能优势，正逐渐成为航空界的新宠。

图 12.1 eSOTL 飞行器[6]

12.2.1 eSTOL 飞行器概述

eSTOL 飞行器是一种短距起降飞行器。eSTOL 飞行器的主要特点是其短距起降能力和电动推进。[7] 短距起降能力使得飞行器可以在较小的场地内完成起降操作，无须依赖长跑道；电动推进则提供了清洁、高效的能源解决方案，降低了运行成本和环境影响。这类型飞行器也有采用燃油-电驱动混合动力模式或采用氢内燃-电驱动混合动力，这种结合可以大幅提升航程。eSTOL 飞行器通常采用分布式电动螺旋桨或涵道风扇作为推进系统，这些螺旋桨或风扇由高效电机驱动，从机载电池中汲取能量。这种分布式推进系统不仅可以提高飞行器的升力和推力效率，还能增强其操控性和稳定性，使得其可以实现短距起飞。

12.2.2 eSTOL 的优势

环境友好性

零排放或低排放：eSTOL 飞行器主要采用电动推进系统，这意味着它们可以在运行过程中实现零排放或低排放。也有的 eSTOL 飞行器采用油电混合动力驱动，相比传统燃油发动机，电动推进或混合动力系统显著减少了二氧化碳、氮氧化物和其他有害物质的排放，对环境保护具有积极意义。

噪声水平低：eSTOL 飞行器在起飞和降落过程中产生的噪声远低于传统飞行器。电动螺旋桨的噪声特性使得 eSTOL 飞行器在城市环境中运行时，对居民和环境的噪声污染更小。

经济性与效率

运营成本降低：eSTOL 飞行器采用电动推进系统，其运营成本远低于传统燃油发动机飞行器。电动推进系统的维护成本较低，且能源效率更高，这有助于降低整体运营成本。

能源效率提升：电动推进系统通常具有较高的能源效率，这意味着 eSTOL 飞行器在相同能耗下可以提供更长的航程或更强的载荷能力。电动推进系统还允许飞行器在起飞和降落过程中更加高效地使用能源。相较 eVTOL，eSTOL 没有垂直起降阶段的大能量消耗，因此 eSTOL 的航程和载客/货能力相比前者有大幅的提升。

基础设施需求减少：eSTOL 飞行器对机场跑道长度和基础设施的要求较低，这使得它们可以在更小的场地内完成起降操作。这不仅可以降低对基础设施的依赖，还能提高使用的灵活性和便捷性。

灵活性与便捷性

短距起降能力：eSTOL 飞行器的最大优势在于其短距起降能力。这使得它们可以在更小的场地内完成起降操作，无须依赖长跑道或大型机场设施。这种能力对于城市空中交通、紧急救援等应用场景尤为重要。

多任务适应能力：eSTOL 飞行器的灵活性和便捷性使它们能够适应多种任务需求。无论是中程客运、货运物流还是紧急救援等应用场景，eSTOL 飞行器都能够提供高效、可靠的解决方案。

安全与可靠性

分布式推进系统：eSTOL 飞行器通常采用分布式推进系统，这意味着它们具有多个推进单元。这种设计可以提高飞行器的冗余度和可靠性，能实现某个推进单元出现故障，其他单元仍然可以继续工作，从而确保飞行器的安全。该系统没有垂直到过渡的飞行转换，相对 eVTOL 也会更安全。

先进的飞行控制系统：eSTOL 飞行器大多配备了先进的飞行控制系统，这些系统可以实时监测飞行器的状态并进行调整，以确保飞行的安全和稳定。此外，这些系统还允许飞行员在复杂环境中进行精确操作。

低空飞行安全性：eSTOL 飞行器通常在城市低空环境中运行，这使得它们面临的风切变、鸟击等风险较低。同时，先进的感知与避障系统可以实时监测周围环境，确保飞行器的安全。

从适航取证到盈利周期快

根据美国联邦航空管理局（FAA）和欧洲航空安全局（EASA）的规章，eSTOL 的适航程序可以沿用已有的标准，因此其相较 eVTOL 认证和获得运营证书可能更简单。持有标准固定翼飞行员执照的飞行员学习操作该类新型飞机也会相对简单，这就可以降低运营的复杂性和高昂的成本。eVTOL 虽然可以实现 0 距起降，但可能会面临复杂的取证过程、培训和运营前期较高的投入。

技术创新与未来发展

推动电动航空技术发展：eSTOL 飞行器的研发和推广有助于推动电动

航空技术的发展。随着电池技术、电机技术、控制技术等领域的不断进步，eSTOL 飞行器的性能将得到进一步提升，应用范围也将更加广泛。

促进空中交通系统的变革：eSTOL 飞行器的出现将推动空中交通系统的变革。它们将改变传统的航空运输模式，使得空中交通更加便捷、高效和环保。同时，eSTOL 飞行器还将促进空中交通管理技术的发展和创新。

拓展应用领域：eSTOL 飞行器的灵活性和便捷性使它们能够拓展到更多的应用领域。除了城市空中交通、紧急救援等应用场景外，eSTOL 飞行器还可以用于环境监测、资源勘探、农业植保等领域，为经济社会发展提供更多的支持和保障。

12.2.3 eSTOL 的劣势

虽然航程载荷高于 eVTOL，但相比传统飞行器，eSTOL 飞行器因为大多采用电驱动模式，其航程和载荷能力可能与传统飞行器相比存在短板，无法支持长时间的飞行或携带大量载荷。这种性能限制可能限制了 eSTOL 飞行器的适用范围和应用场景。

从飞行能力上看，在低速超短距起降阶段，一旦遇到顺航向突风，飞机升力将损失大半，需要电机转速调整敏捷，避免坠落，低速下转弯等机动飞行动作的风险较高。若在城市场景使用，则需要考虑起飞爬升和滑降落轨迹空间需求，将受周边环境制约。

12.2.4 eSTOL 应用前景

在城市交通领域，随着城市化进程的加速和人们对高效出行方式的需求增长，eSTOL 飞行器有望成为城市间快速通勤的新选择。其短距起降能力和环保特性使其能够轻松应对城市中的起降条件限制和环保要求。

在旅游观光领域，eSTOL 飞行器也展现出了巨大的潜力。其灵活的起降能力和独特的飞行体验将为游客带来全新的观光方式。

在应急救援领域，eSTOL 飞行器同样具有不可替代的作用。其快速响应和短距起降能力使其成为灾难现场救援和物资运送的理想选择。在地震、洪水等自然灾害发生时，这类飞行器能够迅速将救援人员和物资送达灾区，为救援工作赢得宝贵时间。

eSTOL 飞行器以其独特的短距起降能力、低碳排放等特性以及灵活高效的运营模式，正逐渐成为航空领域的新星。随着技术的不断进步和市场的日益需求，我们有理由相信，混合动力 eSTOL 飞行器将在未来的航空市场中占据重要地位，并为人们的出行方式带来革命性的变化。

12.3 单兵飞行器

单兵飞行器是指可供单个人员进行飞行使用的飞行装具。这种飞行器通常具有小巧、便于携带和快速部署等特点。它不同于传统的军用飞机或直升机，后者通常需要专业的飞行员进行驾驶，且体积庞大，不适合单兵作战或快速机动。单兵飞行器的设计理念是让单个士兵具备空中飞行的能力，为特殊任务的执行提供不同的战术选择。

从技术角度来看，单兵飞行器通常配备了大功率推进器，如小型喷气发动机或电动旋翼，以提供足够的升力和前进的动力。同时，它还配备了先进的导航和飞行控制系统，以确保飞行的稳定性和安全性。

12.3.1 发展现状

单兵飞行器的概念并非新鲜事物，其研发历史可以追溯到 20 世纪中叶。然而，由于技术限制和安全考虑，早期的单兵飞行器并未能广泛应用于军事领域。随着科技的飞速发展，特别是新材料、电池技术、微电子控制技术等领域的突破，单兵飞行器的研发和应用逐渐取得了显著进展。

近年来，一些主要国家纷纷投入资源进行单兵飞行器的研发工作。美国、俄罗斯、中国等军事大国均在此领域取得了重要成果。例如，美国的 Jetpack International 公司已经成功研发出 GoFast 背包式喷气飞行器，这种飞行器可以搭载士兵进行短距离飞行，极大地提高了单兵的机动性和作战效率。

然而，单兵飞行器的发展也面临着诸多挑战，续航能力、载荷是限制单兵飞行器应用的关键因素。目前，大多数单兵飞行器的续航时间仍然较短，且载荷能力有限，这限制了其在实际使用场景中的应用范围。

尽管如此，单兵飞行器在民用领域的应用却逐渐展现出广阔的市场前景。例如，在应急救援、个人飞行体验等领域，单兵飞行器都展现出了独特的优势。特别是在一些地形复杂、交通不便的地区，单兵飞行器可以迅速将人员或物资运送到指定地点，大大提高救援效率和响应速度。

12.3.2　应用案例

Flyboard Air 在巴黎的展示

在 2018 年的巴黎国防创新论坛中，Flyboard Air 的研制者弗兰克·扎帕塔向与会者展示了这种单兵飞行器的飞行能力。他以时速 166 公里的速度飞行，甚至与一辆兰博基尼跑车进行了竞速比拼。这一展示不仅彰显了单兵飞行器的速度优势，也引发了军事和民用领域对其潜在应用的广泛关注。

英军单兵飞行器上舰训练

2021 年，英国皇家海军陆战队进行了单兵飞行器的上舰训练。多名队员使用"喷气式战斗服"从充气式快艇飞往并平稳降落在"塔玛尔"号江河级巡逻舰上。这一训练不仅展示了单兵飞行器在海上作战中的潜在应用，也标志着单兵飞行器技术在实际军事行动中的逐步成熟。

尽管单兵飞行器在实际应用中展现出了巨大的潜力，但它仍然面临着一些挑战。首先，安全问题始终是最大的关切。为了确保飞行安全，需要对操作员进行严格的培训和认证。其次，续航能力和载荷能力也是当前单兵飞行器需要改进的方面。

12.3.3　未来趋势

随着科技的不断进步和军事需求的日益增长，单兵飞行器在未来将迎来更加广阔的发展空间。以下是对其未来趋势的几点预测。

技术创新将持续推动单兵飞行器的发展。随着新材料、新能源、微电子等技术的不断进步，单兵飞行器的性能将得到进一步提升。例如，更轻的材料、更高效的能源系统以及更智能的控制系统都将为单兵飞行器的发展提供有力支持。

安全性和稳定性将成为研发的重点。为了解决当前单兵飞行器存在的安全问题，未来的研发工作将更加注重飞行器的稳定性和安全性设计。例如，通过引入先进的传感器和飞行控制系统，实现飞行器的自动避障、自动导航等功能，从而降低飞行事故的风险。

实战应用将逐步拓展。随着单兵飞行器技术的成熟和稳定，其在军事领域的应用将逐渐拓展。未来，我们可以预见单兵飞行器在侦察、渗透、救援等战术行动中发挥重要作用。同时，它还可能成为未来城市战和反恐行动中的重要武器。

民用市场潜力巨大。除了军事应用外，单兵飞行器在民用领域也有着广阔的市场前景。未来，随着法规的逐步完善和公众接受度的提高，单兵飞行器有望在户外运动、旅游观光、物流配送等领域发挥重要作用。特别是在一些地形复杂、交通不便的地区，单兵飞行器将成为一种高效、便捷的交通工具。

智能化趋势明显。随着人工智能技术的快速发展，未来的单兵飞行器可能具备更高的自主飞行能力。例如，通过引入先进的机器学习算法和计算机视觉技术，实现飞行器的自动飞行控制、航线自动规划等功能。这将极大地提高单兵飞行器的作战效能和适应性。

单兵飞行器作为一种新型的交通工具和战术装备，在未来将迎来更加广阔的发展空间和应用前景。然而，要实现这一愿景，我们还需要克服诸多技术挑战和安全风险。因此，我们需要持续关注这个领域的最新动态和技术进展，以便更好地把握其发展机遇并应对潜在挑战。

12.4 无人飞艇

无人飞艇作为一种技术成熟的飞行器，近年来在全球范围内得到了快速发展。其独特的滞空时间长、使用成本低、可空中定点等特质，使其在气象监测、科研探测等领域得到广泛应用。随着技术的进步和市场需求的增加，无人飞艇的应用范围不断拓展，市场前景广阔。

12.4.1 发展现状

根据市场研究机构的预测，全球无人飞艇市场在未来几年内将保持高速增长，年复合增长率有望达到较高水平。2023 年全球无人飞艇市场销售额达到了显著数额，预计到 2030 年将达到数十亿美元。地区层面来看，北美市场拥有超过 3 成的份额占比，欧洲市场份额接近 3 成，亚太地区市场份额尚不足 15%。然而，随着亚洲等新兴市场的快速发展，这一格局有望在未来几年内发生变化。

近年来，无人飞艇的技术创新不断加快，客户逐渐开始定制飞艇产品以满足不同场景的需求。例如，科研航拍系列、航空测绘系列、载人气球系列、载人飞艇系列、工程架线系列、广告宣传系列等。这些定制产品不仅提高了无人飞艇的适用性，也为其在更广泛领域的应用提供了可能。

美国和英国在商用飞艇领域处于领先地位。美国广泛制造各型轻于空气的现代飞艇，其巨型混合飞艇在重载飞艇市场并无竞品。英国的混合航空飞行器公司所生产的氦气飞艇"天空登陆者10"已经拿到了西班牙诺斯特姆航空公司的首批订单，计划使用建立"天空登陆者10"飞艇队，实现欧洲大陆上的城市跳跃飞行之旅。

氦气是飞艇行业实现产品数量与安全的关键资源，但我国是典型的贫氦国，每年9成以上氦气需进口。为实现"氦气自由"，我国已经研发出在天然气废料中提取氦的技术并予以应用，以逐步保障飞艇领域乃至广域产业对氦气的需求。

我国目前在无人飞艇方面技术仍需要不断努力。国内从事飞艇行业的企业数量不多，且主要集中于后端应用层面。然而，随着技术的不断进步和市场需求的增加，我国飞艇产业正在逐渐实现并跑。2022年12月，航空工业特飞所自主研发的AS700"祥云"民用载人飞艇02架首飞成功，该款飞艇将有效满足国内外低空旅游市场需求。此外，我国早在2015年就自行研制成功太阳能无人飞艇，该类型飞艇通过氦气升空后可依靠背部安装的太阳能板提供动力，经济性、环保性与实用性更高。

12.4.2 相较其他飞行器优势

无人飞艇作为一种独特的飞行器，相较于其他飞行器如无人机、直升机、固定翼飞机等，在多个方面展现出独特的比较优势。这些优势不仅体现在飞行特性、应用场景、运营成本等方面，还体现在环保性、可持续性以及技术创新潜力等方面。以下将详细阐述无人飞艇相较其他飞行器的比较优势。

飞行特性优势

（1）滞空时间长

无人飞艇相较于无人机、直升机等飞行器，其最大的优势之一在于滞空时间长。由于无人飞艇采用轻于空气的浮升气体（如氦气）来产生浮力，因此其升空后能够保持较长时间的悬停或缓慢飞行，而无须消耗大量能源来维持飞行高度和速度。这一特性使得无人飞艇在需要长时间监测、侦察或通信中继等任务中表现出色。例如，在气象监测、地质勘探、环境监测等领域，无人飞艇可以连续飞行数小时甚至数天，为科学研究提供持续、准确的数据支持。

（2）飞行高度灵活

无人飞艇的飞行高度相对灵活，可以根据任务需求进行调整。与固定翼飞机相比，无人飞艇无须依赖跑道进行起降，因此可以在较低的高度飞行，更贴近地面或水面进行监测和侦察。同时，无人飞艇也可以上升到较高的高度，以避开地面障碍物或进行更广泛的通信中继。这种飞行高度的灵活性使得无人飞艇能够适应更多样化的应用场景和任务需求。

（3）载荷能力强

无人飞艇的载荷能力相对较强，可以携带较大的有效载荷进行飞行。这一优势使得无人飞艇在货物运输、空中广告、科研探测等领域具有广泛的应用前景。例如，在货物运输领域，无人飞艇可以携带较重的货物进行长距离运输，降低运输成本和时间；在空中广告领域，无人飞艇可以携带大型广告牌或LED显示屏进行空中广告展示，吸引更多人的注意；在科研探测领域，无人飞艇可以携带各种科学仪器和设备进行高空或远距离探测。

（4）操控简便

无人飞艇的操控相对简便，可以通过地面控制系统进行远程操控和任务规划。与无人机相比，无人飞艇的飞行控制系统更加稳定可靠，不易受到外界干扰和影响。同时，无人飞艇的自主飞行能力也较强，可以在预设的航线和高度上进行自主飞行和避障。这些特性使得无人飞艇在复杂环境和恶劣天气条件下仍能保持稳定的飞行状态和任务执行能力。

应用场景优势

（1）气象监测与科研探测

在气象监测和科研探测领域，无人飞艇具有独特的优势。由于其滞空时间长、飞行高度灵活以及载荷能力强等特点，无人飞艇可以在高空或远距离进行长时间的气象监测和科研探测任务。例如，在气象监测领域，无人飞艇可以携带气象仪器进行高空气象观测和数据采集；在科研探测领域，无人飞艇可以携带科学仪器和设备进行地质勘探、环境监测等任务。这些应用不仅提高了气象监测和科研探测的效率和准确性，也为相关领域的研究提供了宝贵的数据支持。

（2）货物运输与空中广告

在货物运输和空中广告领域，无人飞艇同样展现出独特的优势。由于其载荷能力强、操控简便以及飞行高度灵活等特点，无人飞艇可以携带较重的货物进行长距离运输或在空中展示大型广告牌和LED显示屏。例如，在货物运输领域，无人飞艇可以替代传统的运输方式，降低运输成本和时间；在空中广告领域，无人飞艇可以为企业提供独特的空中广告展示平台，吸引更多人的注意并提升品牌形象。

（3）旅游观光与影视拍摄

在旅游观光和影视拍摄领域，无人飞艇也具有一定的优势。由于其独特的飞行特性和视角效果，无人飞艇可以为游客提供独特的空中观光体验或为影视拍摄提供独特的空中拍摄视角和效果。例如，在旅游观光领域，无人飞艇可以搭载乘客进行空中游览和观光；在影视拍摄领域，无人飞艇可以携带摄影设备进行高空拍摄或特殊场景拍摄。这些应用不仅丰富了旅游和影视拍摄的内容和形式，也为相关行业带来了新的发展机遇和商业模式。

（4）应急救援与通信中继

在应急救援和通信中继领域，无人飞艇同样发挥着重要作用。由于其滞空时间长、载荷能力强以及操控简便等特点，无人飞艇可以在紧急情况下迅速响应并执行救援任务或提供通信中继服务。例如，在自然灾害发生时，无人飞艇可以携带救援物资和设备进行空中投送和救援行动；在通信中断的情况下，无人飞艇可以作为临时的通信中继站恢复通信联系。这些应用不仅提高了应急救援和通信中继的效率和可靠性，也为保障人民生命财产安全和社会稳定做出了贡献。

运营成本优势

（1）能源消耗低

无人飞艇相较于其他飞行器如无人机、直升机等，在能源消耗方面具有明显的优势。由于其采用轻于空气的浮升气体来产生浮力，因此升空后能够保持较长时间的悬停或缓慢飞行而无须消耗大量能源。这一特性使得无人飞艇在长时间飞行任务中具有较低的能源消耗和运营成本。同时，随着新能源技术的不断发展和应用，未来无人飞艇的能源消耗将进一步降低，运营成本也将更加低廉。

（2）维护成本低

无人飞艇的维护成本相对较低，这也是其相较于其他飞行器的一大优势。由于无人飞艇的结构相对简单且没有复杂的机械传动部件和动力系统，因此其维护保养工作相对简便且成本较低。同时，无人飞艇的使用寿命也相对较长，可以在较长时间内保持稳定的飞行状态和任务执行能力。这些特性使得无人飞艇在运营过程中具有较低的维护成本和较高的经济效益。

（3）人员成本低

无人飞艇的操控相对简便且可以实现远程操控和任务规划，因此其人员成本也相对较低。与无人机、直升机等需要专业飞行员进行操控的飞行器相比，无人飞艇的操控人员只需具备基本的操作技能和知识即可胜任工作。这一特性使得无人飞艇在运营过程中可以节省大量的人力成本和时间成本，提高运营效率和经济效益。

环保性与可持续性优势

（1）环保

无人飞艇相较于其他飞行器如无人机、直升机等，在环保性方面具有显著优势。由于其采用轻于空气的浮升气体来产生浮力且不需要燃烧化石燃料来产生动力，因此其排放的污染物相对较少且对环境的影响较小。同时，随着新能源技术的不断发展和应用，未来无人飞艇的环保性将进一步增强。这些特性使得无人飞艇在环保要求日益严格的今天具有更加广阔的应用前景和市场空间。

（2）可持续利用性好

无人飞艇的可持续性相对较好，这也是其相较于其他飞行器的一大优势。由于其采用轻于空气的浮升气体来产生浮力且不需要复杂的机械传动部件和动力系统，因此其在使用过程中对资源的消耗和环境的破坏相对较小。同时，无人飞艇的使用寿命也相对较长且可以回收利用部分材料和部件，进一步降低了对环境的负面影响。这些特性使得无人飞艇在可持续发展方面具有更好的潜力和前景。

技术潜力优势

（1）技术融合与创新

无人飞艇作为一种独特的飞行器，其技术创新潜力巨大。随着人工智能、大数据、云计算等先进技术的不断发展和应用，无人飞艇的智能化水平将不断提升且能够实现更加复杂和高效的任务执行。同时，无人飞艇还可以与其他技术进行融合和创新如物联网技术、新能源技术等，进一步拓展其应用场景和提升性能水平。这些技术创新不仅为无人飞艇的发展注入了新的动力和活力，也为相关领域的研究和应用提供了新的思路和方向。

（2）定制化与个性化服务

无人飞艇可以根据客户需求进行定制化设计和生产，提供个性化的服务。这一特性使得无人飞艇在满足不同客户需求和应用场景方面具有更大的灵活性和适应性。例如，在旅游观光领域，无人飞艇可以根据游客的需求和偏好进行定制化设计和生产，提供独特的空中观光体验；在货物运输领域，无人飞艇可以根据货物的类型和重量进行定制化设计和生产，提供高效的货物运输服务。这些定制化服务不仅提高了客户的满意度和忠诚度，也为无人飞艇的商业化应用开辟了新的市场空间和商业模式。

12.4.3 实际产品案例

目前，我国已经有多款无人飞艇产品得到了广泛应用，这些产品在气象监测、科研探测、货物运输、空中广告、旅游观光、应急救援、通信中继等多个领域发挥着重要作用。

AS700载人飞艇

AS700载人飞艇由中国特种飞行器研究所研制，是国产现代化飞艇的代表。该飞艇的研发旨在满足国内对浮空器的需求，推动航空事业的发展。

其具有推力矢量系统，可以实现短距离、垂直起降，飞行稳定性强。其现代化的电传操纵系统使得飞艇在飞行中可以偏航、俯仰，操作灵活。此外，AS700还采用了高强度多层复合材料，提高了飞艇的耐用性和安全性。

AS700载人飞艇主要用于旅游观光，其独特的飞行体验和视角为游客提供了难忘的空中之旅。同时，该飞艇还具备货物运输、空中广告等潜在应用价值。

AS700 飞艇的研制成功标志着中国航空事业在浮空器领域取得了重要突破，受到了业内的广泛关注和好评。

5G 无人氦气飞艇

5G 无人氦气飞艇由中国移动云南公司联合北京航空航天大学云南创新研究院、华为技术有限公司共同研发，旨在通过飞艇搭载 5G 基站实现空地一体化的应急通信保障。

该飞艇依靠填充氦气驻空，驻空时间长，载重量大，且风抗能力强。通过 5G 通信创新技术，飞艇可以提供高速率和多制式信号，实现大面积通信覆盖。此外，飞艇还配备了高清摄像头和动力系统等设备，具备多种应急保障功能。

5G 无人氦气飞艇主要用于应急救援、通信中继等场景，可以在极端天气或灾害发生时迅速部署升空，为灾区提供稳定的通信保障和监测服务。

该飞艇的成功试飞和应用展示了无人飞艇在 5G 通信领域的巨大潜力，为未来的空地一体化应急通信保障提供了新的解决方案。

其他无人飞艇产品

除了上述两款具有代表性的无人飞艇产品外，我国还有多款其他类型的无人飞艇产品得到了广泛应用。

气象监测飞艇：用于高空气象观测和数据采集，为气象预报和科学研究提供准确的数据支持。

科研探测飞艇：携带科学仪器和设备进行地质勘探、环境监测等任务，为科研领域提供重要的数据和信息。

货物运输飞艇：利用飞艇的载荷能力强、滞空时间长等特点进行货物运输，降低运输成本和时间。

空中广告飞艇：携带大型广告牌或 LED 显示屏进行空中广告展示，吸引更多人的注意并提升品牌形象。

无人飞艇作为低空经济的重要组成部分，其在低空产业中发挥着不可替代的作用。随着技术的不断进步和应用场景的拓展，无人飞艇的市场前景将更加广阔。未来，无人飞艇将继续推动低空产业的创新发展、融合发展、服务能力提升以及应用场景拓展等方面的工作，为低空经济的繁荣发展贡献更多的力量。同时，政府和企业也应加大对无人飞艇技术的研发和应用投入力度，加强与国际先进技术的交流和合作，共同推动无人飞艇产业的健康、可持续发展。

第13章 低空安全防范

13.1 低空安全防范发展历史

低空安全防范是一个随着科技进步和无人机等低空飞行器普及而逐渐受到重视的领域。其发展历史可以追溯到20世纪初，当时无人机主要用于军事侦察和攻击任务。然而，随着科技的进步，小型化、智能化的民用无人机逐渐普及，给日常生活带来了便利，但同时也给公共安全带来了新的挑战。为了应对这些潜在威胁，各国政府和科研机构开始研究和发展低空安全防范技术。

13.1.1 发展历史

早期探索阶段（20世纪初—20世纪末）

低空安全防范的雏形可以追溯到20世纪初，当时随着飞行器的出现，人们开始关注低空飞行的安全问题。然而，由于技术水平的限制，早期的低空安全防范手段相对简单，对低空飞行器的侦测主要通过目视观察、耳听等手段。

在这一阶段，低空安全防范的重点主要集中在军事领域。各国军队通过设立防空警戒线、部署防空武器等方式，防范敌方低空飞行器的入侵。

同时，一些国家开始研究并实际部署雷达设备，以提高对低空目标的探测和跟踪能力。

技术积累阶段（21世纪初—21世纪10年代）

进入21世纪，随着信息技术的快速发展，低空安全防范技术迎来了新的发展机遇。雷达、红外、激光等探测技术不断成熟，为低空安全防范提供了更加可靠的技术手段。

在这一阶段，低空安全防范开始从军事领域向民用领域拓展。各国政府和企业开始关注低空飞行器的民用安全问题，尤其是在航空摄影、农业喷洒、电力巡检等领域。随着无人机技术的兴起，低空安全防范的需求进一步增加。

快速发展阶段（21世纪10年代至今）

近年来，随着无人机技术的快速发展和广泛应用，低空安全防范行业迎来了爆发式增长。无人机在物流配送、应急救援、环境监测等领域的应用日益广泛，对低空安全防范提出了更高的要求。

在这一阶段，低空安全防范技术不断创新和突破。基于大数据、人工智能、物联网等先进技术的低空安全防范系统相继问世，为低空飞行器的安全监管提供了更加全面、高效的解决方案。同时，各国政府和企业也加大了对低空安全防范的投入力度，推动行业快速发展。

重要事件

在低空安全防范的发展历史中，有两个重要事件值得一提——1986年德国青年鲁斯特驾驶轻型飞机低空飞越苏联领空事件（图13.1）和2018年英国盖特威克机场无人机事件。

鲁斯特驾机事件引发了各国对低空防御的重视。中国也在此背景下加快了中低空雷达的研制步伐，并在20世纪80年代成功研制出中低空兼顾雷达。2022年俄乌冲突伊始，[8]俄军也是采用低空突袭的手段，运用直升机搭载武装士兵入侵乌克兰。

2018年，两架神秘无人机闯入英国盖特维克机场空域，导致数百架次航班取消或延误。这一事件不仅展示了无人机可能造成的严重后果，也凸显了构建强大反制系统和必要性。

图 13.1　1986 年鲁斯特驾机降落莫斯科红场

13.1.2　行业现状

行业规模与增长

根据市场研究机构的数据，全球低空安全防范市场规模近年来持续增长。随着无人机等低空飞行器的广泛应用，低空安全防范的需求不断增加，推动了行业的快速发展。预计未来几年，全球低空安全防范市场将继续保持高速增长态势。

技术应用与创新

当前，低空安全防范技术涵盖了雷达探测、红外探测、激光探测、无线电监测、声呐探测等多种手段。这些技术相互配合，形成了多层次、立体化的低空安全防范体系。

同时，随着大数据、人工智能、物联网等先进技术的融入，低空安全防范技术不断创新和突破。例如，基于人工智能的图像识别技术可以实现对低空飞行器的自动识别与跟踪；基于物联网的传感器网络可以实时监测低空飞行器的飞行状态和环境变化。

反无人机技术：当前，反无人机技术已经涵盖了物理拦截、电子对抗、智能化监控等多个方面。例如，千方科技公司的反无人机装备已在公共安全、企业安全、机场和航空安全以及活动安保等多个领域得到广泛应用。这些装备不仅能够有效地干扰和摧毁无人机，还能在不被发现的情况下进行实时监控和预警。

低空避障技术：低空避障技术为低空安全飞行提供了有力保障。该技术通过机载传感器对地形数据进行探测收集，并通过避障算法对数据处理分析来预测障碍物的方位。当航空器靠近障碍物时，系统会向飞行员发布预警信息和避障策略，从而避免潜在的飞行事故。

"低空大脑"系统：这是一个集成了高科技手段的综合性系统，通过先进的传感器、数据处理与 AI 技术实现对低空区域的实时监控。该系统不仅能够有效识别飞行器，还能对其进行跟踪、监控和预警，确保空域的安全与有序。

政策法规与标准建设

为了规范低空飞行器的使用和管理，各国政府相继出台了一系列政策法规和标准。这些政策法规和标准涵盖了低空飞行器的注册、审批、飞行规则、安全监管等方面，为低空安全防范提供了法律保障。

此外，一些国际组织也在积极推动低空安全防范领域的标准化工作。例如，国际民航组织（ICAO）制定了多项关于无人机飞行安全的标准和建议措施（SARPs），为全球低空安全防范工作提供了指导和参考。

市场竞争与格局

当前，低空安全防范市场竞争激烈，吸引了众多企业和机构的参与。这些企业和机构涵盖了传统安防企业、无人机制造商、科研机构等多个领域。它们通过技术创新、市场拓展等方式，不断提升自身的竞争力和市场份额。

同时，低空安全防范市场也呈现出多元化的竞争格局。一些企业专注于提供低空安全防范技术和产品；一些企业则致力于提供低空安全防范解决方案和服务。这种多元化的竞争格局促进了市场的繁荣和发展。

13.1.3 挑战与机遇

面临的挑战

技术挑战：尽管低空安全防范技术不断创新和突破，但仍存在一些技术难题需要解决。例如，如何实现对复杂环境下的低空飞行器的有效探测和跟踪；如何提高低空安全防范系统的智能化和自动化水平等。

法规方面：当前，各国关于低空飞行器的法规和标准尚不完善，给低空安全防范工作带来了一定的困难。例如，不同国家和地区对低空飞行器的管理规定存在差异；一些新兴领域如无人机物流配送等尚缺乏明确的法规和标准等。

面临的机遇

政策支持：为了推动低空经济的发展，各国政府纷纷出台了一系列支持政策。这些政策为低空安全防范行业提供了广阔的发展空间和市场机遇。

市场需求增加：随着无人机等低空飞行器的广泛应用，低空安全防范的需求不断增加。这将为低空安全防范行业带来更多的市场机会和发展空间。

技术创新：随着大数据、人工智能、物联网等先进技术的不断发展，低空安全防范技术将迎来更多的创新机遇。这些技术创新将为低空安全防范行业提供更加高效、智能的解决方案和服务。

13.1.4 发展趋势

智能化与自动化

低空安全防范将朝着智能化和自动化的方向发展。通过引入人工智能、大数据等技术手段，实现对低空飞行器的自动识别、跟踪和预警；通过构建智能化的低空安全防范系统，提高安全防范的效率和准确性。

多层次与立体化

随着低空飞行器的广泛应用和飞行环境的日益复杂，低空安全防范将呈现多层次和立体化的特点。通过综合运用多种探测技术和手段，形成多层次、立体化的低空安全防范体系；通过加强不同系统之间的协同与配合，提高低空安全防范的整体效能。

标准化与规范化

为了推动低空安全防范行业的健康发展，未来将加强标准化和规范化建设。通过制定和完善相关法规和标准，规范低空飞行器的使用和管理；通过推动行业内的标准化工作，提高低空安全防范技术的互操作性和通用性。

13.2 无人机电子围栏

13.2.1 什么是无人机电子围栏

无人机电子围栏是一种为保障低空空域安全而设计的技术系统，其主要目的是限制无人机或其他低空飞行器在特定区域的飞行。具体来说，无人机电子围栏通过在相应地理范围中以电子信息模型画出区域边界，在无人机系统或无人机云系统中使用电子信息模型来防止无人机飞入或飞出这些特定区域。这一系统结合了软硬件技术，确保无人机在接近或进入禁止飞行区域时能够悬停或自动返航，从而保障飞行器与地面人群的安全。

国内外相关标准情况

中国民用航空局于 2017 年发布了行业标准《无人机围栏》（MH/T 2008—2017），并于同年 12 月 1 日开始实施。该标准对无人机电子围栏的定义、功能、技术要求等进行了详细规定。目前，国际无人机电子围栏的标准主要包括 IEC 60335-2-76 和其他相关标准。随着无人机技术的不断进步，各国在监管政策方面仍处于不断探索和完善的阶段。

13.2.2　电子围栏实现的关键技术

高精度定位技术

无人机电子围栏的实现首先依赖于高精度的定位技术。目前，常用的定位技术包括全球定位系统（GPS）、北斗卫星导航系统以及基于地面的无线定位技术等。这些技术能够为无人机提供实时的位置信息，确保电子围栏系统能够准确判断无人机的飞行状态。

GPS 定位：GPS 是全球范围内广泛使用的卫星定位系统，它能够提供高精度的经纬度信息。在无人机电子围栏系统中，GPS 定位技术被用来实时监测无人机的飞行位置，并将其与预设的电子围栏边界进行比较。作为中国自主研发的卫星导航系统，北斗系统也在无人机领域得到了广泛应用。与 GPS 类似，北斗系统同样能够提供高精度的定位服务，为无人机电子围栏系统提供有力的支持。

基于地面的无线定位技术：除了卫星定位技术外，还有一些基于地面的无线定位技术也被用于无人机电子围栏系统中。这些技术通过在地面上部署一定数量的无线信号发射器或接收器，利用信号传播的特性来推算无人机的位置信息。

信号检测技术

无人机电子围栏系统还需要具备信号检测能力，以便及时发现并识别无人机信号。这通常涉及对无线电频谱的监测和分析，以及对无人机特有信号的识别和处理。

无线电频谱监测：无人机通常通过无线电信号与遥控器或地面站进行通信。因此，无人机电子围栏系统需要能够监测一定范围内的无线电频谱，以便及时发现无人机信号的存在。

信号识别与处理：在监测到无人机信号后，系统还需要对信号进行识别和处理。这包括识别信号的类型、来源以及特征等信息，以便为后续的控制决策提供依据。

决策控制算法

无人机电子围栏系统的技术核心之一在于其决策控制算法。这些算法需要根据无人机的实时位置信息、飞行状态以及预设的电子围栏边界等因素，智能地判断无人机是否接近或进入了禁止或限制飞行区域，并采取相应的控制措施。

边界判断算法：该算法用于判断无人机是否接近或进入了电子围栏边界。通常，系统会根据无人机的实时位置信息和预设的电子围栏边界进行比较，以确定无人机是否处于需报警位置。

控制决策算法：一旦判断无人机处于报警状态区域，系统需要立即采取控制措施以防止其进一步侵入。这些措施可能包括发出警告信号、使无人机悬停或自动返航等。控制决策算法需要根据无人机的飞行状态、环境条件以及安全要求等因素进行综合考虑，以做出最优的控制决策。

13.2.3 电子围栏的系统组成

无人机电子围栏系统通常由多个子系统组成，包括定位子系统、信号检测子系统、决策控制子系统以及通信子系统等。这些子系统相互协作，共同实现无人机电子围栏的功能。

定位子系统

定位子系统是无人机电子围栏系统的核心部分之一，它负责提供无人机的实时位置信息。定位子系统通常由 GPS 接收器、北斗接收器或基于地面的无线定位设备等组成，能够实现对无人机的精确定位。

信号检测子系统

信号检测子系统用于监测一定范围内的无线电频谱，并识别无人机信号的存在。该子系统通常由无线电频谱分析仪、信号处理器以及相应的算法模块等组成，能够实现对无人机信号的快速识别和准确处理。

决策控制子系统

决策控制子系统是无人机电子围栏系统的智能核心部分，它负责根据无人机的实时位置信息、飞行状态以及预设的电子围栏边界等因素进行智能判断和控制决策。该子系统通常由算力模块、算法模块以及控制接口等组成，能够实现对无人机的精确控制和有效管理。

通信子系统

通信子系统是无人机电子围栏系统中不可或缺的一部分，它负责各个子系统之间的信息传输和指令下达。通信子系统通常由无线通信模块、有线通信接口以及相应的协议栈等组成，能够实现对无人机信号的实时传输和可靠通信。

13.2.4 产业应用

无人机电子围栏技术已经在多个领域得到了广泛应用，以下是一些典型的应用实例。

机场净空保护区

机场净空保护区是无人机禁飞的重要区域之一。为了确保机场的飞行安全，许多机场都部署了无人机电子围栏系统。这些系统能够实时监测机场周边的无人机飞行情况，一旦发现无人机接近或进入净空保护区，便立即采取相应的控制措施以防止其进一步侵入。例如，国内某国际机场采用了一套干扰系统建立的"电子围栏"，可实现半径10千米全方位防控，确保机场净空保护区的飞行安全。

重要设施保护区

除了机场外，一些重要设施（如核电站、军事基地等）也需要部署无人机电子围栏系统以确保其安全。这些系统能够实时监测周边无人机的飞行情况，并采取有效的控制措施以防止无人机对重要设施造成威胁。

私人住宅和公共场所

随着无人机的普及和应用范围的扩大，一些私人住宅和公共场所也开始部署无人机电子围栏系统以保护其隐私和安全。这些系统通常具有较小的覆盖范围和较高的灵活性，能够根据实际需求进行定制和部署。

尽管无人机电子围栏技术已经取得了显著的进展和广泛的应用，但其仍面临一些技术挑战和问题。例如，如何进一步提高定位精度和信号检测能力？如何优化决策控制算法以提高系统的智能化水平？如何降低系统成本和提高易用性以推广其应用？这些问题都需要在未来的研究和实践中不断探索和解决。

随着无人机技术的不断发展和普及，无人机电子围栏技术也将迎来更加广阔的发展前景。一方面，随着定位技术、信号检测技术和人工智能技术的不断进步，无人机电子围栏系统的性能和智能化水平将不断提高；另一方面，随着社会对无人机飞行安全的日益重视和法规政策的不断完善，无人机电子围栏系统的应用范围和市场需求也将不断扩大。因此，无人机电子围栏技术将在未来发挥更加重要的作用，为无人机的安全飞行和有效管理提供更加有力的保障。

13.3 无人机反制

无人机大范围应用将带来了一系列安全问题，如非法入侵、恶意攻击、侦察活动等，对公共安全和个人隐私构成了严重威胁。因此，无人机反制技术作为应对无人机威胁的重要手段，其重要性和紧迫性日益凸显。

13.3.1 反制技术分类

无人机反制技术是指通过采用各种技术手段，对非法入侵的无人机进行探测、识别、干扰、摧毁等操作，从而消除无人机威胁，保障人员和财产安全。这些技术手段涵盖了无线电干扰、激光打击、网捕、声波驱散等多种方式。

无人机反制技术根据实施方式的不同，可以分为多种类型，主要包括信号干扰、物理捕获、定向能武器等几个方面。

信号干扰

信号干扰是无人机反制技术中最常用的一种方式。通过发射与无人机控制信号同频段的干扰信号，破坏无人机与操控者之间的通信链路，使无人机失去控制信号，从而实现反制。这种技术具有操作简单、成本低廉等优点，但干扰距离和效果受环境因素影响较大。

物理捕获 / 损毁

物理捕获是另一种常见的无人机反制手段。使用特制的捕捉网、无人机猎手等设备，对无人机进行物理捕捉。这种方法需要精准的操作和高效的设备，以确保在不对周围环境造成损害的情况下捕获无人机。物理捕获适用于低空、慢速飞行的无人机，但对高速、高空飞行的无人机效果不佳。目前，在反无人机的细分领域中，也有采用无人机直接碰撞目标无人机，使得目标无人机损毁或丧失功能的物理反制机制。

定向能武器

定向能武器如高能激光、微波、近防炮等，也是无人机反制的重要手段。这些武器通过发射高能束流直接摧毁无人机，具有速度快、精度高等特点。但定向能武器成本较高且对操作人员技术要求较严格。例如，高功率微波武器和机动式高能激光系统，分别主要利用微波和激光摧毁无人机。莱茵金属设计的近防空系统"Skynex"具备侦察系统、拥有多波段雷达与感知搜索集成系统，能够探测到50千米外的敌方航空载具，并自动分类目标，对威胁目标进行密集射击。其他类似的产品还包括西班牙的"梅罗卡"、美国的"密集阵"、荷兰的"守门员"系统等。

13.3.2 反制实现流程

无人机反制技术的实现流程通常包括探测与识别、分析与决策、执行反制、监控与评估等几个环节。

探测与识别

探测与识别是无人机反制的第一步。通过雷达探测、光学识别、无线电信号识别等多种手段，对目标无人机进行快速、准确的探测和识别。雷达探测具有覆盖范围广、作用距离远的优点，能够及时发现远距离的无人机目标；光学识别通过高分辨率相机或红外成像仪等设备捕捉无人机的图像信息，直观显示无人机的外观和位置信息；无线电信号识别则通过监听和分析无人机的通信信号，获取无人机的控制指令、数据传输等信息。

分析与决策

在探测与识别目标无人机后，系统需要对收集到的数据进行分析和决策，以确定最佳的反制方案。这包括目标分类与优先级评估、反制策略制定以及风险评估与应对等环节。系统根据无人机的类型、用途和飞行轨迹等信息进行分类和优先级评估，对于潜在的安全威胁或非法使用行为列为高优先级目标。同时，根据目标无人机的特征和优先级评估结果制定相应的反制策略，包括干扰无人机通信、诱骗无人机降落、物理捕获等。在制定反制策略时，系统还需要评估反制操作可能带来的次生风险，并制定相应的应对措施。

智能决策技术是无人机反制系统的重要支撑。通过引入先进的算法和人工智能技术提高反制系统的智能化和自动化水平使其能够更快速、更准确地应对各种复杂情况。智能决策技术包括目标分类与优先级评估、反制策略制定以及风险评估与应对等多个环节。系统能够根据无人机的类型、用途和飞行轨迹等信息进行分类和优先级评估并根据评估结果制定相应的反制策略；同时系统还能够评估反制操作可能带来的风险并制定相应的应对措施，以确保反制效果并降低潜在风险。

执行反制

根据分析与决策环节制定的反制策略，系统执行相应的反制手段。这包括干扰无人机通信、诱骗无人机降落、物理摧毁等多种方式。例如，通过发射干扰信号或欺骗信号破坏无人机与控制台之间的通信链路；利用伪造的降落指令或信号诱使无人机自动降落至指定地点；在必要时采用激光摧毁技术等物理手段直接摧毁无人机。

干扰与阻断是无人机反制的核心手段之一。通过发射与无人机控制信号同频段的干扰信号破坏无人机与操控者之间的通信链路使无人机失去控制信号；或者通过干扰卫星导航、射频通信等关键系统使无人机无法正常工作。例如无人机信号干扰器能够有效干扰无人机的通信链路迫使其降落或返回起飞点；澳大利亚所用的"反无人机电磁枪"和美国海军陆战队装备的"轻型防空综合系统"则是利用射频技术干扰无人机与控制平台间的射频通信信号使无人机失去正常飞行能力。

监控与评估

反制操作完成后，系统需要对整个过程进行监控和评估，以确保反制效果并优化反制策略。通过传感器和监控设备实时收集无人机和目标区域的状态信息对反制效果进行实时监控；对收集到的数据进行分析和评估评估反制策略的有效性和可行性；根据评估结果优化反制策略并提高系统的性能和效率。

13.3.3 市场前景

随着无人机技术的不断发展和普及无人机反制技术的应用前景将越来越广阔。在军事领域无人机反制技术可用于防范敌方无人机侦察、攻击等行为保护重要目标的安全；在民用领域无人机反制技术可用于机场、体育场馆、电力设施、油气管线等区域的无人机防御保障公共安全和重要设施的正常运行。

未来随着技术的不断进步和应用场景的拓展，无人机反制系统将不断向智能化、自动化方向发展。通过引入更先进的算法和人工智能技术提高系统的智能化水平，使其能够更快速、更准确地应对各种复杂情况；同时通过将不同的反制手段集成到一个系统中，实现多功能集成使其能够在不同场景下灵活应对各种不同类型的无人机威胁。此外，随着便携化和隐蔽化需求的增加，未来的无人机反制系统可能会更加便携和隐蔽，以便在需要时迅速投入使用。

无人机反制技术在保障人员和财产安全、维护社会秩序和公共安全以及促进无人机产业健康发展等方面具有重要意义。随着技术的不断发展和应用场景的不断拓展，无人机反制技术将发挥越来越重要的作用，为维护国家安全和社会稳定贡献重要力量。

本篇参考文献

[1] 曹冠杰，王业辉，孙小金.氢能航空发展现状分析[J].航空动力，2022（1518）：29–33.

[2] 看航空.2024年氢动气飞机或达1740.2亿美元的预期价值[EB/OL].网易订阅，2021-05-06，https://www.163.com/dy/article/G9AE1SV905148ALS.html.

[3] 极目新闻.最高可减碳排85%！东航国产大飞机C919首次加注绿色燃料商飞，南航、国航纷纷开辟航线[EB/OL].百度百家号，[2024-09-20].https://baijiahao.baidu.com/s?id=1810706851883927021&wfr=spider&for=pc.

[4] 蜉蝣采采.到底什么是"通感一体化"？[EB/OL].百度百家号，2023-05-04.https://baijiahao.baidu.com/s?id=1764926535952428648&wfr=spider&for=pc.

[5] 启止1354.中国仿生扑翼飞行机器人：军事领域的创新与突破[EB/OL].搜狐网，2024（8）：15–16.https://www.sohu.com/a/798306404_122022513.

[6] 航空动力.Electra的eSTOL验证机首次实现超短距起降[EB/OL].航空动力，2024-05-30. https://www.aerospacepower.cn/article/2344.

[7] 翱坤科技.另辟蹊径：电动短距起降（eSTOL）[EB/OL].知乎，2023（8）：10–11. https://zhuanlan.zhihu.com/p/647677400.

[8] 为伍."星链"在俄乌冲突中的运用[EB/OL].微信公众号，2023（8）：13–14.https://mp.weixin.qq.com/s?__biz=MzA4ODcwOTExMQ==&mid=2655729210&idx=1&sn=92592ca5b97871328f8fd92b8a9d6e45&chksm=8b9994a2bcee1db460599339731c783a850325243c9bec06d817da98d980fb0ef061113439ff&scene=27.

第五篇

部分地区低空经济观察

第 14 章 京津冀地区

京津冀地区作为我国的重要经济区域之一，其低空产业的发展对整个国家的低空经济战略布局具有重要意义。本章将对京津冀地区低空产业的现状与未来趋势进行深入分析。

14.1 京津冀地区低空产业发展现状

市场规模方面

从市场规模来看，根据相关研究报告，截至2022年年底，京津冀地区低空经济的总产值已经达到600亿元人民币[1]规模，且随着国家对低空经济、通用航空产业的支持力度进一步加大，市场规模有望进一步扩大。2024年10月，北京市经济和信息化局等四部门制定的《北京市促进低空经济产业高质量发展行动方案（2024—2027年）》显示，北京市力争通过三年时间，到2027年，低空经济相关企业数量突破5000家，产业规模达到1000亿元，低空技术服务覆盖京津冀、辐射全国。

从市场规模结构来看，京津冀地区低空产业的市场规模主要包括通用航空市场、无人机市场、航空物流市场、航空维修市场、航空旅游市场等。这些市场之间存在一定的关联性，相互促进、共同发展。其中，通用航空市场和无人机市场的发展前景最为广阔，市场潜力巨大。

从市场发展趋势来看，近年来，随着国家对通用航空产业的支持力度加大，以及市场需求的增长，京津冀地区低空产业的市场规模呈现出快速增长的趋势。特别是在国家政策推动下，通用航空市场和无人机市场的发展速度尤为明显。预计未来几年，随着政策扶持和市场需求的增长，京津冀地区低空产业的市场规模将进一步扩大。

区域优势分析

北京：北京作为全国科技创新中心，在低空经济领域拥有显著的技术创新优势，众多高科技企业和科研机构集聚于此，不断推动低空技术的突破和应用。在政策支持层面，北京市政府高度重视低空经济的发展，出台了一系列政策措施，例如，《北京市促进低空经济产业高质量发展行动方案（2024—2027年）》《丰台区促进低空经济产业高质量发展的指导意见（2024—2026年）》等政策，对于北京地区的低空产业高质量发展有较大的促进作用。在区域协同层面，2024年9月北京临空区大兴片区、河北雄安新区、天津港保税区共同签署《低空经济产业发展战略合作协议》，此协议将进一步提升京津冀三地低空经济产业协同、科技创新、联动发展水平，对打造国际一流低空经济产业集聚区、国家低空经济发展示范区、京津冀低空经济产业科技创新高地具有重要意义。

天津：天津作为全国重要的先进制造业基地，拥有雄厚的制造业基础。在低空经济领域，天津可以充分发挥其制造业优势，推动低空飞行器的研发和生产，同时，天津大学、民航大学等高校也坐落在这个滨海城市，为当地低空产业发展输送了大量的专业技术人才。天津拥有较为丰富的空域资源，为低空飞行器的试飞和运营提供了有力保障。随着低空经济政策的放宽和技术的成熟，天津也在积极探索低空经济在更多领域的应用。

河北：河北省作为京津冀地区的重要组成部分，拥有广阔的土地和丰富的资源。在低空经济领域，河北可以充分利用其地理优势，拓展低空旅游、物流配送等应用场景。河北省的物流、电子信息等产业较为发达，为低空经济的发展提供了丰富的应用场景和产业配套。例如，2024年河北交投集团在河北省搭建的首个无人机医疗物资运输应用场景，已经在石家庄、沧州、邯郸等多地医院开展常态化应用[2]。

产业链建设方面

以北京为例，北京低空经济产业链涵盖了航空器研发制造、低空飞行基础设施建设运营、飞行服务保障等多个环节，形成了较为完整的产业体系。

航空器研发制造方面，北京拥有多家具有核心竞争力的航空器研发制造企业。这些企业主要布局在无人机、eVTOL、通用飞机等领域。例如，中科星图、新晨科技、安达维尔等企业布局直升机、无人机、通航产品等产品的研发生产。其中，无人机作为低空经济中飞行器的主力，技术相对成熟，应用场景广泛。北京地区无人机企业约12家，涵盖了多旋翼无人机、固定翼无人机、eVTOL等多种类型。这些企业在航空器研发制造方面取得了显著成果。

基础设施建设方面，北京正充分发挥现有通用机场功能，提升低空飞行器起降、停放、补能、维修、托管等服务能力。同时，北京还计划统筹推进飞行控制、监管、服务等智慧化平台及共性技术平台建设，链接城市信息模型（CIM）数据，建设城市低空高精度空域数字底图，划设低空目视航图，为低空飞行应用提供坚实保障。此外，北京还积极推动低空飞行基础设施建设。例如，在延庆区加快建设延庆无人机装备产业基地，预计2026年建成；在丰台区规划建设200万平方米的北宫低空经济产业园等。

京津冀地区低空产业在技术创新方面取得了显著的成就。这些成就的取得，既得益于该地区丰富的科技资源，也得益于该地区对技术创新的高度重视。展望未来，随着科技的不断发展，京津冀地区低空产业的技术创新将进一步深入，对该地区的经济发展产生更大的推动作用。

服务保障方面，北京低空经济产业链还涵盖了低空科普教育、人才培训、金融保险、租赁维修、数据服务、模拟仿真等多个领域的飞行服务保障环节，这些服务保障环节为低空经济产业的发展提供了有力支撑。例如，北京市无人机科技馆作为北京市唯一一家以"无人机"为主题的科技场馆，为市民提供了科普研学、教育培训等服务；同时，北京还积极培养低空经济领域专业人才，为产业发展提供人才保障。

京津冀低空经济发展过程中也存在一些亟待解决的问题：①产业链条短，对区域结构调整拉动力还不显著。这意味着，虽然低空产业的投资规模逐年增加，但投资效益的拉动作用尚未充分发挥出来。②技术源头供给不足，关键技术、核心部件对外依存度高。这制约了低空产业的发展，使得产业的核心竞争力不足。③产业集中度不高，多数领域缺乏规模大、上下游带动能力强的领军企业和知名品牌，这导致了低空产业的整体竞争力较弱。④产业配套能力弱，缺乏高技术成果转化、引进高端项目落地建设所需的协作配套、服务环境等条件支撑。这限制了低空产业的发展空间，使得产业的发展受到一定程度的制约。⑤基础设施建设需要加强，低空飞行基础设施建设和服务保障系统有待进一步完善，需要加大投入力度。

14.2 京津冀地区低空产业发展趋势分析

政策支持力度将持续加大

随着国家对低空经济的重视程度不断提高，未来京津冀地区各级政府将继续出台更多政策措施来扶持低空产业的发展。这些政策措施将涵盖财政补贴、税收优惠、金融支持等多个方面，为低空产业的快速发展提供全方位保障。

基础设施建设将进一步完善

为了满足低空产业快速发展的需求，京津冀地区将继续加大在通用机场、直升机起降点、飞行营地等基础设施方面的投入力度。同时，京津冀地区还将加强数字低空飞行服务保障系统建设，提升低空飞行的安全性和效率性。

产业集聚效应将更加凸显

随着京津冀地区低空产业的不断发展壮大，未来将形成更加明显的产业集聚效应。各地将通过错位发展、优势互补等方式加强协同创新，共同推动低空产业的升级和发展。同时，京津冀地区还将吸引更多国内外知名企业和人才加入其中，进一步提升在低空产业领域的竞争力和影响力。

应用场景将更加多元化和智能化

随着技术的不断进步和市场需求的不断变化，未来京津冀地区的低空产业应用场景将更加多元化和智能化。除了传统的通用航空业态外，京津冀地区还将涌现出更多以无人机为支撑的智能化应用场景，如智能物流、智慧城市管理等。这些新应用场景的拓展将为低空产业的发展带来更多机遇和挑战。

第15章 西北地区

15.1 我国西北地区低空产业发展现状

政策环境持续优化

近年来，中央及地方政府对低空经济的支持力度不断加大。2023年12月，中央经济工作会议明确将低空经济列为战略性新兴产业；2024年全国两会，低空经济首次被写入政府工作报告。随后，包括陕西、甘肃、青海等在内的多个西北地区省份，纷纷将低空经济写入顶层规划，出台了一系列扶持政策，从资金、土地、税收等方面给予全方位支持。这些政策为西北地区低空产业的快速发展奠定了坚实基础。

应用场景不断拓展

随着低空经济的不断发展，其应用场景也在持续拓展。在西北地区，低空经济已广泛应用于农业植保、应急救援、旅游观光、环境监测等多个领域。例如，农用植保无人机在西北地区的大规模农田管理中发挥了重要作用，显著提高了农业生产效率；空中医疗救援的快速响应能力，为偏远地区的紧急救援提供了有力支持；而低空旅游观光的兴起，则进一步丰富了西北地区旅游产业的内涵。

15.2　西北地区发展低空产业的比较优势

坚实的产业基础

西北地区，尤其是陕西，是我国航空产业的重要集聚区之一，拥有坚实的产业基础。陕西航空产业链成熟完善，涵盖了从原材料供应、核心零部件制造到整机组装、测试验证的完整链条。例如，陕西拥有唯一国家级鉴定试飞机构的中国飞行试验研究院，拥有我国航空工业唯一飞机强度研究中心与地面强度验证试验基地的中国飞机强度研究所，拥有国内首个无人机试验测试中心[3]，为低空经济的发展提供了强有力的支撑。

此外，陕西还汇聚了一批在无人机、通用航空等低空经济领域具有重要影响力的领军企业，这些企业不仅在国内市场占据领先地位，还积极开拓国际市场，形成了较强的品牌影响力和市场竞争力。上下游企业之间的紧密合作和资源共享，进一步促进了陕西低空经济产业集群效应的形成和发展。

丰富的技术支撑以及人才储备

低空经济作为战略性新兴产业，科技含量高、创新要素集中。西北地区，特别是陕西，在低空经济领域的技术研发和创新方面拥有较强的实力。陕西省高校众多，为低空经济领域的前沿技术研究和探索提供了坚实的科技支撑和人才保障。

这些科研机构在无人机技术、低空飞行控制技术、空域管理技术等方面取得了多项重要成果，为低空经济的发展提供了有力的技术支撑。同时，陕西还积极引进国内外先进的低空技术和装备，不断提升自身的技术水平和创新能力。

此外，陕西还通过政策引导和市场机制等多种方式，积极吸引国内外优秀的航空产业人才来陕工作。这些人才的加入进一步壮大了陕西低空经济的人才队伍，为低空产业的发展提供了充足的人才保障。

丰富的空域资源

空域资源是低空经济发展的重要基础。西北地区地广人稀，空域资源相对丰富。这些空域资源不仅为低空飞行活动提供了充足的空间保障，还为低空经济的发展提供了广阔的市场空间。

例如，在旅游观光、航空物流、农业植保、应急救援等领域，西北地区低空经济的发展都具有广泛的应用前景。通过充分利用这些空域资源，西北地区可以进一步拓展低空经济的应用场景和市场空间，推动低空经济的快速发展。

多样的应用场景

低空经济的应用场景广泛而多样，涵盖了物流运输、旅游观光、环境监测、应急救援等多个领域。西北地区拥有丰富的自然资源和人文景观，为低空经济的发展提供了广阔的应用场景。

在旅游观光方面，西北地区拥有众多著名的旅游景点和自然景观，如陕西的兵马俑、华山等。通过发展低空旅游，游客可以从空中俯瞰这些美景，获得更加独特的旅游体验。在农业植保方面，西北地区拥有广阔的农田和丰富的农业资源，为低空植保无人机等装备的应用提供了广阔的市场空间。在应急救援方面，低空飞行器可以快速到达灾害现场进行救援行动，提高应急救援的效率和效果。

15.3 产业发展实际案例

神木市低空经济发展案例

神木市地处陕北高端能源化工基地核心区域，拥有丰富的矿产资源和完善的产业体系。近年来该市抢抓国家大力推进通用航空业发展的历史机遇，大力发展低空经济。神木市建成了神木西站综合物流园区，以低空经济和现代大宗物流产业为主导，形成了航空运输港、铁路物流港等多个板块。

其中神木西沙通用机场作为重要基础设施于 2023 年 1 月正式取证运营，为低空经济发展提供了有力支撑。在政策方面，神木市制定了招商引资多项优惠政策，构建了完善的低空经济产业政策体系，吸引了多家企业和科研机构入驻，开展无人机测试、科研试验等业务。未来神木市将继续完善机场周边基础配套设施，加快机场建设工作、推动低空经济产业高质量发展。

西安通用航空产业发展案例

西安作为西北地区的重要城市，在通用航空产业发展方面取得了显著成果。该市依托丰富的科教资源和产业基础，积极推动通用航空产业发展。西安拥有多家通用航空企业和科研机构，在通用航空器研发与制造、通用机场建设与服务等方面形成了较为完整的产业体系。同时西安还积极推动通用航空服务领域拓展，将通用航空应用于农业植保、环境监测、空中医疗救援等多个领域，为区域经济发展注入了新活力。此外西安还加强了与国内外通用航空领域的交流合作，引进了先进的通用航空技术和管理经验，推动了本地通用航空产业的快速发展（图 15.1）。

图 15.1　西安航天通航产业园一角

第 16 章 东北地区——以黑龙江为例

本章以东北地区的黑龙江为例，对黑龙江低空产业的现状进行深入分析，以期为相关政策制定和企业发展提供参考。

16.1 黑龙江低空产业营商环境

配套政策支持

黑龙江省政府高度重视低空经济的发展，出台了一系列政策措施，为低空经济的发展提供了有力保障。这些政策包括财政资金支持、税收优惠、土地使用等方面的优惠政策，为低空产业的快速发展创造了良好的环境。相关政策例如：《推进通航产业发展行动方案》《黑龙江省通用机场布局规划（2020—2030 年）》《黑龙江省通用航空产业"十四五"发展规划》。其中《黑龙江通用机场布局规划（2020—2030 年）》计划到 2030 年黑龙江省基本实现通用航空运营机场"县县通"。

地理及市场条件优越

黑龙江省的地理面积极为广阔，土地资源丰富，这为低空产业、通用航空提供了广阔的作业空间。无论是农业航空、林业航空还是其他类型的通用航空服务，都需要较大的活动范围。因此，黑龙江省的地理面积为这些业务的开展提供了便利条件。

黑龙江省地形复杂多变，拥有多样的地貌特征，从平原到山地，从湿地到森林，这为通用航空提供了丰富的作业环境。比如在进行低空旅游、拍摄、护林、农业作业等活动时，低空服务可以为多样的地形作业需求可以提供更多的选择。

黑龙江省的空域广阔，低空空域开放后相对容易管理，这为通用航空提供了良好的飞行环境。特别是在应急救援、飞行培训、私人飞行等方面，广阔的空域可以提供更多的自由度和便利条件。

此外，黑龙江省地广人稀、地面交通运输网络无须密集建设，特别是在一些偏远地区，公路、铁路等交通设施可能并不完善。在这种情况下，低空产业就显示出了它的优势，可以进行空中运输，弥补地面交通的不足，带动偏远地区的经济发展和满足人民的出行需要。

产业基础扎实

黑龙江省在航空工业领域有着悠久的历史和坚实的基础，早在中华人民共和国成立初期就开始了航空工业的研发和生产。经过多年的发展，目前已经形成了包括飞机、航空发动机、航空电子、航空材料等在内较为完整的航空产业链。这种全产业链的布局能够有效地降低生产成本，提高生产效率，为低空经济、通用航空产业的快速发展提供了有力的支撑。

近年来，随着一批航空制造企业的落户和持续发展，黑龙江省在航空制造、维修、运营等方面积累了丰富的经验和技术人才，为低空产业的发展提供了有力支撑。其中，哈尔滨飞机工业集团有限公司是我国重要的通用飞机制造企业之一，哈航集团不仅是中国直升机、小型运输机、支线客机的重要生产基地，同时也是航空发动机、直升机减速传动系统和汽车及其变速器的生产基地，其产品包括运-5B、运-12等系列通用飞机。

配套服务产业齐全

在通用航空器的运营和维修方面，黑龙江省也有相应的企业和服务机构。这些企业和服务机构能够为通用航空器提供必要的运营支持和维修服务，保证航空器的正常运行。同时，黑龙江省还拥有不少专业培训机构，为行业培养了大量的专业人才，包括飞行员、维修人员、地勤人员等。

16.2 黑龙江低空产业发展现状

产业链初步形成

目前，黑龙江低空经济已初步形成了包括通航制造、运营服务、飞行培训、航空旅游等多个环节的产业链。在通航制造方面，黑龙江省已培育了一批具有竞争力的航空制造企业，涉及飞机研发、制造、维修等多个领域。在运营服务方面，黑龙江省的通航运营企业数量不断增加，业务范围涵盖短途运输、空中游览、飞行体验等多个方面。

应用场景不断拓展

随着低空经济的不断发展，黑龙江低空产业的应用场景也在不断拓展。除了传统的通航业务外，黑龙江省还积极探索无人机在农业、林业、环境监测等领域的应用。例如，利用无人机进行农作物病虫害监测和防治、森林防火巡查等工作，有效提高了工作效率和安全性。另外，黑龙江的低空产业运营企业充分利用大载重、长航时无人机的优势，在应急救援、森林消防等领域发挥了重要作用；同时，黑龙江积极推动低空旅游、航拍航摄等新兴业态的发展，打造具备特色的低空文化园区、低空消费小镇等。此外，黑龙江省还注重创新发展，鼓励开展飞行培训、航空赛事等活动，拓展低空文体旅游经济业态。

基础设施建设不断完善

为了支持低空产业的发展，黑龙江省在基础设施建设方面也在不断加大投入。目前，黑龙江省已建成多个通航机场和起降点，形成了覆盖全省的低空飞行网络。截至 2024 年 3 月，黑龙江的通用航空机场数量共 89 个，在全国排第一位，比排第二位的广东多 34 个。同时，黑龙江省还在不断完善通信、导航、气象等配套设施，为低空飞行的安全和效率提供了有力保障。

16.3 黑龙江低空产业发展面临的问题与挑战

技术创新能力需持续提升

尽管黑龙江省在低空经济领域取得了一定的成果，但技术创新能力仍有待加强。与国际先进水平相比，黑龙江省在通用航空器的制造和研发方面还存在一定的差距。通用航空产业是一个技术密集型和资金密集型的产业，黑龙江省在这方面还需要进一步地支持和投入。尤其是在无人机核心技术、低空飞行服务等方面，仍需要引进和培育更多的高层次人才，加强产学研合作，推动技术创新和成果转化。

区域经济发展制约因素

受地理位置影响，东北地区整体经济落后于南方；又受经济发展影响，政府财政力量有限，导致配套硬件基础设施水平较低。此外，黑龙江还面临着人口流失等问题，导致的区域低空市场体量较小、市场化程度低等因素制约了低空产业发展。

安全监管体系有待完善

低空飞行涉及空域管理、飞行安全等多个方面，需要建立完善的安全监管体系。然而，目前受整体行业空域划分需进一步明确、飞行申报流程需要简化等问题，这在一定程度上制约了当地低空经济的健康发展。

市场竞争激烈

随着低空经济市场的不断扩大,各地纷纷加大对低空产业的投入力度,市场竞争日趋激烈。黑龙江省需要在保持自身特色的基础上,不断提升产业竞争力,以应对来自其他地区的挑战。

黑龙江低空产业在政策、地理条件、产业基础等方面具有明显优势,配套产业齐全,应用场景不断拓展,基础设施建设不断完善。然而,该地区也面临着技术创新能力不足、部分市场仍然处在培育期等问题和挑战。未来,国家、地方以及相关投资机构应会继续加大政策支持和投入力度,加强技术创新和人才培养,推动黑龙江省低空产业高质量发展。相信在不久的将来黑龙江省的低空产业迎来新一轮的增长机会。

第17章 华中地区——以湖南为例

湖南，作为中国中部的重要省份，凭借其地理位置、产业基础和政策优势，正在积极布局低空经济产业，致力于将其打造成为经济增长的新引擎。华中地区湖南省低空经济相关产业发展目前已走在全国较为靠前的位置，本章对湖南低空经济产业的发展现状与未来趋势进行深入分析。

17.1 湖南低空经济产业发展现状

产业基础扎实

湖南在低空经济领域具备较为完整的产业链，涵盖低空制造、低空飞行、低空保障和综合服务等多个方面。在低空制造产业方面，湖南拥有一批具有较强竞争力的航空器研发制造企业，能够研发制造多类型有人、无人驾驶航空器及其零部件和机载设备。在低空飞行产业方面，湖南依托其独特的地理环境和空域资源，积极开展通用航空和无人机飞行服务，为低空经济发展提供了有力支撑。在低空保障和综合服务产业方面，湖南不断完善低空空域管理、飞行服务保障和应急救援等体系建设，为低空经济的安全、有序、高效发展提供了有力保障。

政策支持有力

湖南政府对低空经济产业的发展给予了较大力度的支持。一方面，政府出台了一系列优惠政策，包括财政补贴、税收优惠、金融支持等，以降低企业运营成本，提高企业竞争力。另一方面，政府积极推动低空空域管理改革，优化空域资源配置，提高空域利用效率，为低空经济的发展创造了良好的外部环境。此外，政府还加强了与国内外知名企业和高校的合作与交流，引进先进技术和管理经验，推动低空经济产业的创新发展。

湖南自2020年承担低空空域管理改革试点拓展以来，2022年出台全国第一部地方性通航法规，即《湖南省通用航空条例》；编制实施全国第一部空域划设方案。共分类划设171个空域，97条常态化低空目视航线，实现了省域低空空域分类划设、全域覆盖、动态释放、灵活使用。

建立全国第一个覆盖全省的低空监视网，综合运用"北斗+ADS-B+5G"三模技术，建成53个地面监视站。如今，湖南已基本实现全域低空监视全覆盖。

作为全国第一个可服务全省的A类飞行服务站，长沙飞行服务站实现通航飞行"一窗受理、一网通办、全域服务"，减少审批时间，提高低空空域使用率。

省内规划建成100多个通用机场，5000多个直升机起降点，力争到2025年基本建成"1+13+N"通用机场网。

市场需求广阔

随着经济的发展和人民生活水平的提高，社会对低空经济的需求日益增长。而湖南在发展低空经济方面有着独特优势。在交通运输领域，湖南全境山地丘陵地带约占全省土地面积55%以上，通用航空和无人机物流等新型运输方式以其高效、便捷、灵活的特点受到越来越多人的青睐。湖南作为农业大省，植保无人机等新型农业机械设备的应用范围不断扩大，为农业生产提供了有力支持。同时作为旅游大省，低空旅游以其独特的视角和体验成为新的旅游热点。

此外，在应急救援、环境保护、城市管理等领域，低空经济也全省相关产业发挥着越来越重要的作用。广阔的市场需求为湖南低空经济产业的发展提供了巨大的市场空间和发展潜力。

17.2　未来发展趋势

总体来看，未来湖南省的低空产业发展将会有如下几个特点。

产业规模将持续扩大：随着技术的进步和市场的需求增长，湖南低空经济产业的规模将持续扩大，产业链将更加完善，产业集聚效应将更加明显。

技术创新将成为核心竞争力：技术创新是推动低空经济产业发展的关键力量。湖南将持续加大对技术创新的投入力度，加强与国内外高校和科研机构的合作与交流，以推动产业的技术进步和转型升级。

应用领域将进一步拓展：随着低空经济产业的发展和技术的进步，结合无人机、eVTOL的新型市场发展机遇，未来应用领域将进一步拓展到更多领域和更多场景。例如，在智慧城市、智能交通、环境保护等领域都将有更加广泛的应用。

国际化发展将成为重要方向：湖南所打造的低空经济名牌将持续走向国际舞台，参与国际竞争与合作。通过加强与国际知名企业和机构的合作与交流，引进国际先进的技术和管理经验，以期推动相关产业的国际化发展。

发展中存在的亟须解决的问题

尽管湖南低空经济产业发展取得了显著成绩，但仍面临一些挑战与问题。首先，低空经济产业的发展需要大量的资金投入和技术支持，但目前湖南在该领域的投入有待进一步加强，技术创新能力有待提升。其次，低空经济产业的发展需要完善的基础设施和配套服务作为支撑，但目前湖南在低空空域管理、飞行服务保障等方面还存在一些薄弱环节。此外，低空经济的市场竞争日益激烈，湖南需要进一步提升自身的竞争力和品牌影响力。

17.3 发展和政策建议

只有充分地抓住产业发展机会，才能不断地引领低空经济的发展，同时建议从如下几点抢抓机遇、夯实发展基础。

加大政策扶持力度：政府应继续加大对低空经济产业的政策扶持力度，包括财政补贴、税收优惠、金融支持等方面，降低企业运营成本，提高企业竞争力。

加强基础设施建设：地区应加强对低空空域管理、飞行服务保障等基础设施建设的投入力度，提高设施水平和服务质量，为低空经济产业的发展提供有力支撑。

推动技术创新和人才引进：应加强对技术创新的投入力度，加强与国内外高校和科研机构的合作与交流，引进先进技术和优秀人才，推动产业的技术进步和人才队伍建设。

拓展应用领域和市场空间：应积极拓展低空经济产业的应用领域和市场空间，将其应用到更多领域和场景中，提高产业的附加值和影响力。同时，要加强市场营销和品牌建设，提高湖南低空经济产业的知名度和美誉度。

华中地区低空经济产业发展迅速且潜力巨大。政府和企业应加强合作与交流，加大政策扶持力度和投入力度，推动技术创新和人才队伍建设，拓展应用领域和市场空间，共同推动低空经济产业的持续健康快速发展。

第18章 华东地区

在华东地区,低空经济的发展尤为引人注目,不仅体现在市场规模的快速增长,还体现在技术创新、政策支持和应用场景的不断拓展上。本章将从华东地区低空产业的现状、驱动因素、产业链结构、应用场景以及未来趋势等方面进行详细阐述。

18.1 华东地区发展低空经济的比较优势

经济实力雄厚

华东地区包括山东、上海、江苏、浙江等省市,这些地区经济发达,产业基础雄厚,为低空产业的发展提供了坚实的支撑。与全国其他地区相比,华东地区的GDP总量和人均GDP均处于领先地位,这意味着该地区有更多的资金投入低空产业的基础设施建设、技术研发和市场推广等方面。例如,上海市作为我国的"民航第一城",在低空经济发展方面具有无以比拟的竞争优势,涵盖从研发制造、到产业应用服务、再到产业末端培训等领域,形成了全要素较为完整的产业链。

市场需求旺盛

随着城市化进程的加速和交通拥堵问题的日益严重,人们对高效、便捷的出行方式的需求不断增加。低空经济以其独特的优势，成为满足这一需求的重要途径。华东地区作为中国经济最为活跃的区域之一，人口密度相对较高、消费能力强，市场对低空产业（物流、旅游、农业、消防、巡检、UAM 等多个领域）需求旺盛，应用场景不断拓展。

技术创新能力强

华东地区汇聚了众多高科技企业和研发机构，具有较好的技术创新以及研发能力。在数字技术、5G 通信、人工智能等新兴技术领域，华东地区取得了显著成果，为低空经济的发展提供了强大的技术支持。这些技术的应用不仅提高了低空飞行器的性能和安全性，还降低了运营成本和市场风险，为低空经济的商业化应用提供了坚实基础。例如，江苏现有诸如中航高科、国睿科技、莱斯信息、苏交科、商络电子、宝胜股份、江苏神通、华设集团等 38 家上市公司（含新三板）涉低空经济产业[4]。

产业链完善

华东地区的低空经济产业链相对完善，涵盖了上游原材料与核心零部件、中游航空器制造与低空保障、下游应用场景等多个环节。这一完善的产业链为低空经济的发展提供了有力保障，促进了各环节之间的协同创新和资源整合。与其他地区相比，华东地区的低空经济产业链更加成熟和完善，有助于降低生产成本和提高市场响应速度，增强低空产业的竞争力。

政策支持有力

近年来，华东地区地方政府出台了一系列政策措施（例如上海市发布的《上海市低空经济产业高质量发展行动方案（2024—2027 年）》、《山东省通用航空装备创新应用实施方案（2024—2030 年）》等）对推动低空领域的开放与发展由积极促进作用。华东地区作为中国经济最为发达的区域之一，其政策支持力度尤为显著。这些政策不仅明确了低空经济的发展目标和路径，还提供了财政补贴、税收优惠等支持措施，降低了企业的运营成本和市场风险。

18.2 华东地区低空产业发展现状

产业规模与增速

近年来，华东地区的低空经济呈现出快速增长的态势。赛迪顾问发布的《中国低空经济发展研究报告（2024）》显示，2023年中国低空经济规模达到5059.5亿元，其中华东地区占据了重要份额。这一地区集中了江苏省、浙江省、山东省等经济发达省份，低空经济相关企业数量众多，产业规模庞大。

具体到通航领域，华东地区的通用航空企业数量在近年来显著增长。截至2022年，华东地区通用航空企业共179家，是国内通用航空企业最多的地区，较2018年增长69%，复合增速达到14%。通用航空机场数量也在不断增加，2023年达到449个，较2018年增长122%，复合增速为17%。这些基础设施的建设为低空经济的发展提供了有力支撑。

政策环境

华东地区低空经济的快速发展，离不开政策的支持与引导。近年来，国家和地方政府出台了一系列政策措施，推动低空领域的开放与发展。例如，《无人驾驶航空器飞行管理暂行条例》的实施，为无人机等低空飞行器的合法合规飞行提供了保障。同时，华东地区多个省份也出台了专项规划，明确低空经济的发展目标和路径。

以浙江省为例，该省将低空经济作为新质生产力的代表产业之一，写入了省政府工作报告，并出台了《浙江省航空航天产业发展"十四五"规划》等一系列产业化顶层设计文件。这些政策文件明确了低空经济的发展方向，提出了打造高水平、高能级的空港枢纽和现代化航空产业集群的目标。

技术创新

华东地区在低空经济领域的技术创新也取得了显著成果。得益于数字技术、5G通信、数字孪生等新兴技术的蓬勃发展，低空经济在世界范围内迸发出巨大潜力和强大动能。在无人机领域，华东地区的企业在电池、电机、数据链路等方面具有较为领先的技术储备，形成了较为完善的电动无人机供应链体系。

同时，电动垂直起降飞行器（eVTOL）等新型航空器的研发也在不断推进。国内外已出现多款eVTOL产品，蓝海市场呈现差异化竞争趋势。预计到2030年，全球投入商业运营的eVTOL数量将达到5000架；到2040年，这一数字将激增至4.5万架。华东地区作为国内经济发达地区，有望在eVTOL等新型航空器的研发与应用方面走在前列。

18.3 华东地区低空产业驱动因素

政策红利

政策是推动低空经济发展的关键因素之一。近年来，国家和地方政府出台了一系列政策措施，为低空领域的发展提供了有力保障。这些政策不仅明确了低空经济的发展目标和路径，还提供了财政补贴、税收优惠等支持措施，降低了企业的运营成本和市场风险。

市场需求

随着城市化进程的加速和交通拥堵问题的日益严重，人们对高效、便捷的出行方式的需求不断增加。低空经济以其独特的优势，成为满足这一需求的重要途径。在物流、旅游、农业、消防、巡检等领域，低空经济的应用场景不断拓展，市场需求持续增长。

技术进步

技术进步是推动低空经济发展的重要动力。数字技术、5G通信、人工智能等新兴技术的发展，为低空经济提供了强大的技术支持。这些技术不仅提高了低空飞行器的性能和安全性，还降低了运营成本和市场风险，为低空经济的商业化应用提供了可能。

18.4 华东地区低空产业链结构

华东地区低空经济的产业链结构相对完整，涵盖了上游原材料与核心零部件、中游航空器制造与低空保障、下游应用场景等多个环节。

上游环节

上游环节主要包括原材料与核心零部件的生产供应。这些元素是低空经济产品制造的基础，决定了产品性能和成本。在华东地区，碳纤维、工程塑料、铝合金等关键材料以及芯片、电池、电机等核心零部件的生产企业众多，为低空经济的发展提供了有力支撑。

中游环节

中游环节是低空经济产业链的核心部分，包括无人机、航空器、高端装备及配套产品的生产制造以及低空保障与综合服务等。在华东地区，以道通航空、极飞科技等为代表的无人机制造企业，以及亿航智能、峰飞航空等为代表的eVTOL生产制造厂商争相布局低空经济领域，推动了该地区的航空器制造水平的提升。

下游环节

下游环节主要聚焦于产业融合与应用场景拓展。在华东地区，低空经济的应用场景不断丰富，涵盖了物流、旅游、农业、消防、巡检等多个领域。顺丰丰翼、美团无人机等国内头部企业在无人机快递配送、应急救援、医疗运输等全场景下不断发力，推动了低空经济的商业化应用进程。

18.5 华东地区低空经济应用场景

物流领域

低空经济在物流领域的应用最为广泛。无人机配送以其高效、便捷、灵活的优势，成为解决"最后一公里"配送难题的重要途径。在华东地区，多家企业已经开展了无人机配送试点项目，取得了显著成效。顺丰丰翼在多个城市开展了无人机配送服务，有效提升了配送效率和用户体验。

旅游领域

低空旅游作为新兴的旅游方式，正逐渐受到游客的青睐。在华东地区，多家景区推出了直升机、热气球、滑翔伞等低空旅游项目，吸引了大量游客前来体验。未来，随着 eVTOL 等新型航空器的商业化应用，低空旅游有望成为更加普及和便捷的旅游方式。

农业领域

无人机在农业领域的应用也取得了显著成效。通过搭载不同的传感器和作业设备，无人机可以实现精准施药、播种、施肥等作业任务，提高了农业生产效率和资源利用率。在华东地区的多个农业大省，无人机已经成为农民作业的重要工具之一。

消防与巡检领域

无人机在消防与巡检领域的应用也具有重要意义。通过搭载高清摄像头和红外热成像仪等设备，无人机可以对火情进行实时监测和预警，为消防部门提供及时准确的火情信息。同时，无人机还可以对电力线路、油气管道等基础设施进行巡检和维护，提高了巡检效率和安全性。

18.6 华东地区低空经济未来趋势

市场规模持续扩大

随着政策的不断放宽和技术的不断进步，华东地区低空经济的市场规模将持续扩大。预期在不久的将来，低空经济将成为推动华东地区经济社会发展的重要力量之一。

技术创新加速推进

技术创新是推动低空经济发展的重要动力。未来，华东地区将继续加强在数字技术、5G通信、人工智能等领域的研发和应用推广力度，推动低空经济产业链上下游企业的协同创新和技术进步。同时，随着eVTOL等新型航空器的商业化应用进程加快，华东地区有望在这一领域取得更多突破和成果。

应用场景不断丰富

随着低空经济的不断发展，其应用场景也将不断丰富和拓展。今后，低空经济将在更多领域得到应用和推广，如智慧城市、环境监测、海洋探测等。同时，随着人们对高效、便捷出行方式的需求不断增加，低空经济在交通领域的应用也将得到进一步拓展和深化。

产业链协同发展

低空经济是一个涉及多个领域的综合性产业形态。华东地区将加强产业链上下游企业的协同发展力度，推动形成更加完整和高效的产业链体系。通过加强产业链各环节的协同创新和资源整合力度，提高整个产业链的竞争力和市场占有率。

国际合作与交流加强

随着全球化进程的加速推进和国际贸易的不断发展，低空经济领域的国际合作与交流也将不断加强。未来，华东地区将积极参与国际低空经济领域的合作与交流活动，通过走出去以及引进来，推动本地区低空经济产业的国际化发展进程。同时，通过加强与国际知名企业和研究机构的合作与交流力度，提高本地区低空经济产业的创新能力和国际竞争力。

华东地区低空经济正处于快速发展阶段，具有广阔的发展前景和巨大的市场潜力。在政策红利、市场需求和技术进步的共同推动下，该地区低空经济产业链不断完善和应用场景不断拓展。未来，随着市场规模的持续扩大、技术创新的加速推进以及产业链协同发展的加强等因素的共同作用下，华东地区低空经济将迎来更加广阔的发展空间和更加美好的发展前景。

第19章 华南地区

华南地区，作为中国经济发展的重要区域之一，凭借其独特的地理位置、产业基础、政策支持以及创新能力，在发展低空经济方面展现出显著的比较优势。本章将从多个维度对华南地区发展低空经济的比较优势进行深入分析。

19.1 政策环境优势

国家战略支持

华南地区，特别是广东省，作为改革开放的前沿阵地，积极响应国家政策号召，制定了一系列支持低空经济发展的政策措施，为低空经济的快速发展提供了有力保障。

地方政策创新

华南地区的地方政府在低空经济领域进行了诸多创新尝试。以深圳市为例，该市出台了全国首部低空经济地方性法规《深圳经济特区低空经济产业促进条例》，从法律层面为低空经济的发展提供了有力保障。同时，深圳市还发布了《深圳市低空经济产业创新发展实施方案（2022—2025年）》，明确了低空经济产业发展的目标、任务和措施，为低空经济的全面发展提供了清晰路径。

19.2 产业基础优势

无人机产业链完整

华南地区，尤其是广东省，无人机产业发展迅速，产业链发展成熟。从无人机设计、制造、运营到服务保障，各个环节均有企业布局，形成了集研发、生产、销售、应用于一体的完整产业生态。以大疆创新为代表的无人机头部企业，不仅在技术研发、产品设计方面处于全球领先地位，还在市场拓展、品牌建设等方面取得了显著成效，为华南地区低空经济的发展提供了强大动力。

配套产业发达

华南地区在新材料、半导体、通信、传感器等低空经济关键支持性技术方面也不断取得突破。这些配套产业的持续发展为低空经济的发展提供了强有力的支撑。例如，在无人机制造过程中，需要使用大量的碳纤维材料、特种塑料等高性能材料；在无人机运营过程中，需要依赖先进的通信技术和传感器技术来实现远程控制和数据传输。华南地区在这些领域的深厚积累为低空经济的发展提供了有力保障。

19.3 科技创新优势

科研实力雄厚

华南地区拥有众多知名高校和科研机构，如华南理工大学、中山大学、深圳大学等，这些高校和科研机构在低空经济领域积累了丰富的研究成果和人才储备。同时，华南地区还吸引了大量国内外优秀人才前来创新创业，为低空经济的发展注入了新的活力。

企业创新能力突出

华南地区的企业在低空经济领域展现出强大的创新能力。这些企业不仅在无人机技术研发方面取得了显著成果，还在智能感知、自动驾驶、人工智能等领域进行了深入探索，为低空经济的发展提供了强有力的技术支持。此外，华南地区还涌现出一批专注于低空经济细分领域的企业，如专注于低空物流的顺丰科技、专注于低空旅游的亿航智能等，这些企业的创新发展进一步推动了华南地区低空经济的繁荣。

19.4 地理位置优势

空域资源较丰富

华南地区空域资源较为丰富，为低空经济的发展提供了广阔的空间。特别是广东省，地处中国南部沿海地带，拥有较为开放的低空空域资源和丰富的应用场景。这些优势使得华南地区在发展低空物流、低空旅游、低空通勤等领域具有得天独厚的条件。

区域联动效应明显

华南地区内部各城市之间联动效应明显，为低空经济的发展提供了有力支持。例如，广东省的广州、深圳、珠海等城市在低空经济领域进行了深入合作与交流，共同推动低空经济的快速发展。同时，华南地区还与周边省份和地区建立了紧密的合作关系（例如粤港澳大湾区城市之间低空产业的互动和合作），共同打造低空经济产业生态圈，实现了资源共享和优势互补。

19.5　市场需求优势

消费升级驱动

随着居民收入水平的提高和消费观念的转变，人们对高品质、个性化的消费体验需求日益增长。低空经济以其独特的魅力和广泛的应用场景满足了人们的这一需求。无论是低空旅游、低空物流还是低空通勤等领域都展现出巨大的市场潜力。华南地区作为中国经济最发达、消费能力最强的地区之一，对低空经济的需求尤为旺盛。

新兴应用场景不断涌现

随着技术的不断进步和应用的不断拓展，低空经济的新兴应用场景不断涌现。例如，在智慧城市建设中，无人机可以用于环境监测、交通巡检、应急救援等任务；在农业领域，无人机可以用于植保作业、农田监测等任务。这些新兴应用场景的涌现为低空经济的发展提供了更多的机遇和空间。华南地区凭借其丰富的应用场景和市场需求优势，在低空经济领域展现出强劲的发展势头。

19.6　深圳地区低空经济产业发展观察

深圳低空经济发展现状

（1）政策引领与法规支持

近年来，深圳在推动低空经济发展方面表现尤为突出，政策引领和法规支持成为其快速发展的重要驱动力。2022年年底，深圳市出台了《深圳市低空经济产业创新发展实施方案（2022—2025年）》，为城市低空经济产业的高质量发展指明了方向。2023年年初，深圳首次将"低空经济"写入政府工作报告，提出打造低空经济中心，进一步明确了低空经济在城市经济发展中的重要地位。

此外，深圳在法规建设方面也走在全国前列。2024年1月3日，深圳正式实施全国首部低空经济立法——《深圳经济特区低空经济产业促进条例》，从基础设施、飞行服务、产业应用、技术创新、安全管理等多个方面为低空经济产业的发展提供了有力保障。这一系列政策法规的出台，为深圳低空经济的健康发展奠定了坚实基础。

（2）产业链完整且实力雄厚

深圳低空经济产业链完整且实力雄厚，主要得益于无人机产业的快速发展。据统计，截至2023年年底，深圳无人机企业已达到1730多家，年产值超过960亿元，消费级无人机占全球70%的市场份额，工业级无人机占全球50%的市场份额。以大疆创新为代表的无人机头部企业，不仅在技术研发、产品设计方面处于领先地位，还在全球市场上占据了重要地位。

深圳低空经济产业链涵盖了无人机设计、制造、运营、服务等多个环节，形成了集研发、设计、制造、试飞、运维为一体的完整产业链。同时，深圳还具备完善的配套产业，如碳纤维材料、特种塑料、锂电池等关键配件及材料，为无人机产业的发展提供了有力支撑。

（3）基础设施建设与应用场景拓展

深圳在低空经济基础设施建设方面也取得了显著成就。深圳正在推进大量低空起降点的建设，这将提高无人机的运行效率和服务覆盖范围。同时，深圳还积极推进5G、物联网等先进通信技术在低空经济领域的应用，为无人机等低空飞行器的信息传输和处理提供了强有力的支持。

在应用场景拓展方面，深圳低空经济已经覆盖了物流配送、城市治理、应急救援等多个领域。例如，美团无人机在深圳开展社区即时配送，顺丰丰翼运营多条城市无人机物流配送航线，这些应用场景的拓展不仅提高了物流效率，还降低了人力成本，为社会创造了更多的经济效益。

（4）区域联动与协同发展

深圳在发展低空经济过程中，注重区域联动与协同发展。南山、宝安、龙岗、龙华等区结合自身产业优势和定位，积极参与深圳"天空之城"的打造。例如，龙华区率先印发了《深圳市龙华区低空经济产业创新发展实施方案（2023—2025年）》，并出台了"龙华低空13条"等措施；宝安区发布了低空经济产业规划及《深圳市宝安区低空经济产业创新发展实施方案（2023—2025年）》，支持低空经济产业的发展。这些区域政策的出台，为深圳低空经济的全面发展提供了有力支持（图19.1）。

图19.1　eVTOL航空器"盛世龙"执飞深圳—珠海

深圳低空经济未来趋势

（1）技术创新与产业升级

技术创新是推动低空经济持续发展的核心动力。未来，深圳将进一步加强在低空制造、低空飞行、低空飞行服务保障等领域的技术研发，推动产业升级。在无人机领域，深圳将继续加大对视觉芯片、云台、雷达、飞控系统、导航系统、图传系统等核心关键技术的研发力度，提升无人机的智能化水平和安全性能。同时，深圳还将积极探索电动垂直起降飞行器（eVTOL）等新型低空飞行器的研发和应用，推动低空交通领域的技术创新。

（2）应用场景拓展与市场需求增长

深圳将进一步拓展低空经济的应用场景，推动低空物流、低空旅游、低空通勤、低空交通等领域的发展。例如，在物流配送领域，深圳将继续优化无人机配送网络，提高配送效率和覆盖范围；在城市治理领域，深圳将利用无人机进行环境监测、交通巡检等任务，提升城市管理效率；在应急救援领域，深圳将利用无人机进行快速响应和物资投送，提高应急救援能力。

（3）产业链整合与协同发展

深圳将进一步加强低空经济产业链上下游企业的合作与协同，推动产业链整合和产业升级。一方面，深圳将支持龙头企业在技术研发、市场拓展等方面发挥引领作用；另一方面，深圳将鼓励中小企业参与产业链配套和协同创新，形成优势互补、互利共赢的产业生态。同时，深圳还将加强与国际先进企业的合作与交流，引进先进技术和管理经验，提升低空经济的国际竞争力。

（4）政策引导与法规完善

政策引导与法规完善是保障低空经济健康发展的重要手段，深圳将继续加强政策引导和法规建设，为低空经济的发展提供有力保障。一方面，深圳将进一步完善低空经济产业发展的政策体系和支持措施，鼓励企业加大技术创新和研发投入；深圳也将加强低空空域管理、飞行规则制定和适航审定等方面的法规建设，确保低空经济的安全有序发展。同时，深圳还在持续争取国家层面的支持，推动低空经济产业综合示范区的建设和发展。

（5）低空智能融合基础设施建设

低空智能融合基础设施建设是推动低空经济高质量发展的关键。目前，深圳市在加速推进低空经济相关配套设施建设过程中，提出了建设低空智能融合基础设施的"四张网"[5]。低空经济四张网是支撑低空飞行器运行及相关产业发展的基础设施体系，包括设施网（指物理基础设施，如起降点、机场等）、空联网（指信息基础设施，实现通信、导航、监视等功能）、航路网（指航行保障基础设施，提供空域管理和航线规划服务）和服务网（指数字化管服系统，统筹协调飞行活动并提供服务）。这四张网相互依存、协同工作，共同推动低空经济的安全化、智能化和商业化发展。同时，IDEA（粤港澳大湾区数字经济研究院）在"空联网""航路网""服务网"基础上又搭建了统一的全数字化智能融合低空系统（Smart Integrated Lower Airspace System，SILAS）。SILAS系统的建立标志着低空经济领域的技术创新和管理升级迈出了重要一步，它有助于解决当前低空经济发展中的痛点问题，如不同类型低空飞行器的融合飞行、空中冲突等，对低空飞行和低空空域进行精细化管理，保证低空经济的安全、高效和低成本运营等有较大帮助。

但这显然不是终点，深圳还在持续研究、加强低空通信、导航、监视、气象、飞行服务等设施体系的建设和完善，以提升低空飞行的安全性和效率性。此外，深圳还在积极探索新型基础设施在低空经济领域的应用场景和商业模式，推动低空经济与传统产业的深度融合和创新发展。

（6）安全管理与风险防控

安全管理与风险防控是低空经济持续健康发展的基础保障，深圳将建立健全低空飞行安全管理体系和应急响应机制，确保低空飞行的安全性和稳定性，同时，将持续强化低空经济领域的风险评估和监测预警工作，及时发现和处置潜在的安全隐患和风险点。在低空经济领域的人才培养和队伍建设工作方面，当地也在持续提升从业人员的专业素养和安全意识水平。

深圳低空经济在政策支持、产业链完整、基础设施建设、应用场景拓展等方面均取得了显著成就，未来发展前景广阔。随着技术的不断进步和应用的不断拓展以及政策的持续引导和法规的不断完善，深圳低空经济将迎来更加广阔的发展空间和机遇。未来，深圳将继续发挥其在低空经济领域的先发优势和产业基础优势，推动低空经济产业高质量发展，为建设全球领先的低空经济产业高地贡献力量。

华南地区在发展低空经济方面具备显著的比较优势。这些优势包括政策环境优势、产业基础优势、科技创新优势、地理位置优势以及市场需求优势等。未来，随着技术的不断进步和应用的不断拓展以及政策的持续引导和法规的不断完善，华南地区低空经济将迎来更加广阔的发展空间和机遇。

本篇参考文献

[1] 万维易源. 京津冀低空经济：协同发展的巨大潜力 [EB/OL].[2024-12-09].https://www.showapi.com/news/article/67565b2e4ddd79f11a397bf2.

[2] 河北新闻网. 河北无人机"空中快递员"火了！医疗物资快速送达 [EB/OL].[2024-12-26].https://jt.hebnews.cn/2024-12/26/content_9283641.htm.

[3] 澎湃新闻. 腾"空"而起，陕西有什么"绝技"[EB/OL].[2024-07-30].https://www.thepaper.cn/newsDetail_forward_28249765.

[4] 杨牧，秦源丰. 江苏低空经济高质量发展投资研究 [J]. 商展经济，2024（18）：147-150.

[5] IDEA. 低空经济白皮书 [R]. 深圳：粤港澳大湾区数字经济研究院，2023：22-23.

后 记

低空经济不仅承载了部分民航发展的历史,又是民航"两翼齐飞"的重要引领产业。

从整个民航业来看,民航业作为国家经济社会发展的重要组成部分,不仅承载着人员与货物的快速流通任务,还深刻影响着国家的经济安全、科技创新、区域发展等多个方面。

一、民航业的经济贡献

促进国际贸易与投资

国际贸易的桥梁:民航业为国际贸易提供了便捷、高效的空中运输方式,加速了货物的快速流通,提高了货运效率。据统计,2007年全球国际贸易货物价值中的35%是通过航空运输方式实现的。随着全球高附加值、高时效货物市场的增长,航空货运承担的国际贸易运输量按照价值计算,所占比重会越来越大。

投资环境的优化:民航业的发展能够改善投资环境,吸引更多的国际投资。航空运输的便利性和高效性,使得跨国企业能够更便捷地在全球范围内进行资源配置和市场拓展。

带动相关产业发展

产业链上下游的繁荣:民航业本身是一个庞大的产业链,包括飞机制造、机场建设、航空服务等多个领域,这些领域的发展为全球创造了大量的就业机会。此外，民航业还带动了旅游、酒店、金融等相关产业的繁荣。

临空港经济区的形成：大型枢纽机场的发展，往往会与机场周边地区以及区域经济发展融为一体，形成临空港经济区。这些经济区不仅具有运输功能，还能通过与多种产业有机结合，形成颇具带动力和辐射力的地区经济增长极。

经济增长的驱动力量

高增长率与潜力：民航业是增长速度最快、发展潜力最大的交通运输方式之一。在我国，民航在综合交通运输体系中的作用日益突出，是经济增长的重要驱动力量。例如，2024年前三季度，我国民航业运输总周转量、旅客运输量和货邮运输量同比分别增长27.4%、19.1%和24.4%，较2019年同期也有增长。

投资回报率高：民航投资的回报率相对较高，大型国际枢纽机场更是发展出了强大的"临空经济区"，成为区域经济发展的重要引擎。

二、民航业的社会贡献

提高人民生活质量

便捷的出行方式：随着居民收入水平的提高和民航工业技术的升级，人们日常生活中使用民航出行的比例越来越高。民航业为人们提供了更便利、更高效、更舒适、更安全的出行方式。

促进文化交流：民航业的发展促进了国内外文化的交流与融合，使得人们能够更便捷地了解不同地域的文化和风俗习惯。

促进区域协调发展

缩小地区差距：在交通不发达的地区，民航的发展有助于缩小地区差距，提高人民生活质量。例如，在云南省迪庆藏族自治州等老少边穷地区，民航业的发展对于维系国家统一与民族团结、促进地区经济社会发展具有重要意义。

推动贫困地区发展：民航运输业在促进贫困地区经济社会发展方面发挥着重要作用。通过航空运输，可以将贫困地区的特色产品快速运往国内外市场，同时吸引更多的游客前来旅游观光，从而带动当地经济发展。

应对紧急情况的快速反应力量

抗震救灾：在自然灾害等紧急情况下，民航业能够迅速调集人力、物力进行救援。例如，在抗震救灾中，航空运输成为后勤保障的重要部分，为灾区及时送去了救援物资和医疗人员。

国家安全保障：民航业对于国家安全至关重要，是国防和经济安全的保障。在危机时刻，航空运输能够迅速调集兵力、物资进行应对。

三、民航业在科技创新中的作用

促进航空科技进步

高技术含量：民航业是一个科技装备程度非常高的现代化行业，与先进科学技术有着天然联系。民航业的发展推动了航空科技的进步，包括飞机设计、制造、材料科学、信息技术等多个方面。

创新能力的提升：民航业的需求必然有力地拉动航空工业的创新发展。例如，为满足速度、安全、舒适和大型化、大流量等市场竞争的需要，民航业客观上要求民用航空器的设计、制造以及机载设备、空管设备、机场设备和信息领域不断进行科技创新。

带动相关产业科技创新

产业链上下游的协同创新：民航业的发展带动了相关产业链的科技创新。例如，在飞机制造领域，随着新型材料的研发和应用，推动了材料科学的进步；在信息技术领域，随着航空通信、导航、监视等系统的升级换代，推动了信息技术的创新。

创新生态的构建：民航业通过构建开放合作的创新生态体系，促进了产学研用各环节的协同创新。这有助于加速科技成果的转化应用，提升整个产业的创新能力和竞争力。

四、民航业在国家安全中的角色

国防和经济安全的保障

军事性质：民航业具有一定的军事性质，在维护国家安全和稳定方面发挥着重要作用。例如，在危机时刻，航空运输能够迅速调集兵力、物资进行应对；在边境巡逻、反恐维稳等方面，民航业也发挥着重要作用。

战略物资运输：民航业在战略物资运输方面具有独特优势。在战争或紧急情况下，航空运输能够快速、安全地将战略物资运送到指定地点，保障国家的战略安全。

应对紧急情况的快速反应力量

自然灾害救援：在自然灾害等紧急情况下，民航业能够迅速调集人力、物力进行救援。例如，在地震、洪水等灾害发生后，航空运输成为灾区与外界联系的重要通道之一。

公共卫生事件应对：在公共卫生事件等紧急情况下，民航业也能够发挥重要作用。例如，在新冠疫情期间，航空运输成为医疗物资和医护人员快速调配的重要手段之一。

五、民航业在国际交流与合作中的地位

国际交流与外交的重要平台

全球政治外交活动：在全球政治外交活动中，航空业不仅是产业更是外交谈判的工具和国际关系的纽带。各国通过航空合作来增进政治互信和经济联系，推动国际关系的和平与发展。

区域合作与一体化：在区域合作和一体化进程中，航空运输是不可或缺的组成部分。通过加强航空合作，可以促进区域内各国之间的经济联系和人员往来，推动区域经济一体化进程。

国际规则制定的话语权

参与国际民航组织活动：我国积极参与国际民航组织（ICAO）的各项活动，推动国际民航规则的制定和完善。通过参与国际规则制定，可以提升我国在国际民航领域的话语权和影响力。

推动中国方案走向世界：在参与国际民航组织活动的过程中，我国积极提出中国方案、发出中国声音，推动国际民航规则的制定更加符合发展中国家的利益和需求。

六、民航业的发展趋势与挑战

数字化绿色化转型

节能降碳能力增强：随着全球环保意识的提高和可持续发展理念的深入人心，民航业正加快数字化绿色化转型步伐。例如，我国民航业在节能降碳方面取得了显著成效，2023年每吨公里油耗较2005年下降14.3%，机场平均每客二氧化碳排放较基线下降60.5%。

智能技术应用：人工智能、大数据、云计算等技术在民航业的应用日

益广泛。这些技术的应用有助于提升航班调度效率、优化客户服务体验、提高安全保障水平等。

国产民机事业的突破

自主创新能力提升：近年来，我国民航制造业取得了显著进展，自主创新能力不断提升。例如，ARJ21 投入运营、C919 客机取证、CR929（远程宽体客机）项目推进等标志着我国民航制造业正逐步走向成熟。

产业链协同发展：随着国产民机事业的突破，我国民航产业链上下游企业之间的协同发展也取得了积极进展。这有助于提升整个产业的竞争力和创新能力。

面临的挑战

环境污染与能源依赖：民航业在发展过程中面临着环境污染和能源依赖等挑战。如何减少碳排放、提高能源利用效率成为亟待解决的问题。

安全风险与保障能力：随着民航业的发展规模不断扩大，安全风险也随之增加。如何加强安全保障能力建设、提高应急处置能力成为重要课题。

国际竞争与合作：在全球化背景下，民航业面临着激烈的国际竞争与合作挑战。如何加强国际合作、提升国际竞争力成为我国民航业发展的重要方向。

虽然民航事业对于促进国民经济又好又快发展有如此多的积极作用、我国在民航事业上也取得了如此多的进步，但我们和国际发达国家相比，仍然是一个民航大国、但不是民航强国。

七、中国是民航大国，但还不是民航强国

航空器制造能力相对薄弱

依赖进口：尽管我国近年来在航空器制造方面取得了显著进展，如

ARJ21 支线客机和 C919 大型客机的成功研发与交付，但整体上，我国民航业仍高度依赖进口飞机。目前，波音和空客两大国际巨头占据了我国民航市场的大部分份额，国内航空公司在飞机采购上缺乏足够的议价权。

技术积累不足：航空器制造是一个高度复杂和技术密集型的行业，需要长期的技术积累和研发投入。与国际先进水平相比，我国在航空发动机、航电系统、材料科学等关键领域仍存在技术差距，这限制了我国民航业在航空器制造方面的自主创新能力。

航空运输服务品质有待提升

准点率问题：航班准点率是衡量航空运输服务品质的重要指标之一。然而，我国民航业的航班准点率长期偏低，给旅客出行带来了不便。空域资源紧张、流量控制频繁、天气因素等都是导致航班延误的重要原因。

服务质量参差不齐：尽管我国民航业在服务质量方面取得了一定进步，但整体上仍存在服务品质参差不齐的问题。部分航空公司在客户服务、行李托运、机上餐饮等方面仍存在不足，影响了旅客的出行体验。

国际竞争力不足

国际市场份额有限：尽管我国民航业在近年来积极拓展国际市场，但在国际航线网络、航班频次、服务质量等方面仍与国际先进水平存在差距。这导致我国民航业在国际市场上的份额有限，难以与欧美等航空强国相抗衡。

品牌影响力较弱：与国际知名航空公司相比，我国民航业的品牌影响力相对较弱。这在一定程度上限制了我国民航业在国际市场上的竞争力和吸引力。

航空基础设施建设滞后

机场容量不足：随着我国民航业的快速发展，部分机场的容量已难以满足日益增长的需求。机场拥堵、航班延误等问题时有发生，给旅客出行带来了不便。

空域资源紧张：空域资源紧张是我国民航业面临的一大挑战。由于历史原因和体制机制等因素的制约，我国空域资源分配和使用存在不合理现象，导致航班延误和飞行安全问题频发。

航空运输与综合交通运输体系衔接不畅

联运体系不完善：我国民航业在与其他交通运输方式的多式联运体系方面仍不完善。这导致旅客在出行过程中需要频繁换乘，增加了出行时间和成本。

信息共享不充分：由于信息共享机制不完善，民航业与其他交通运输方式在信息共享方面存在障碍。这导致旅客在出行过程中难以获取全面的交通信息，影响了出行体验。

差异化的航空服务能力不足

服务模式单一：我国民航业在服务模式上仍较为单一，目前航空市场仍然主要以公共航空为主，以低空经济，例如通用航空的发展仍然滞后。这导致旅客在出行过程中难以获得个性化的服务体验。

技术应用滞后：尽管我国在信息技术方面取得了显著进展，但在民航业的应用方面仍相对滞后。例如，在智能化服务、大数据分析等方面仍存在不足，需要进一步加强技术创新和应用推广。

航空运输可持续发展能力有待提升

环保压力增大：随着全球环保意识的提高和可持续发展理念的深入人心，我国民航业面临着越来越大的环保压力。如何在保障运输需求的同时减少碳排放、降低环境污染成为亟待解决的问题。

能源结构单一：我国民航业在能源结构方面仍较为单一，主要依赖化石燃料。这导致航空运输的能耗和排放难以有效降低。需要加强新能源技术的研发和应用推广，推动航空运输向绿色、低碳方向发展。

总体来看，我国民航业虽然规模庞大，但在航空器制造能力、航空运输服务品质、国际竞争力、航空基础设施建设、航空运输与综合交通运输体系衔接、差异化航空运输服务能力以及航空运输可持续发展能力等方面仍存在不足和挑战。这些问题限制了我国民航业的发展潜力和竞争力，需要采取有效措施加以解决和提升。

八、低空经济推动民航高质量发展

推动航空器制造能力的提升

低空经济涵盖了航空器研发制造、低空飞行基础设施建设运营、飞行服务保障等各产业，为航空器制造能力的提升提供了广阔的舞台。

促进技术创新与产业升级：低空经济的发展需要先进的航空器作为支撑，这将促使我国加大对航空器研发的投入，推动航空制造技术的创新和升级。通过引进和消化吸收国际先进技术，结合我国市场需求，可以逐步形成具有自主知识产权的航空器制造体系。

培育航空器制造产业链：低空经济的发展将带动航空器制造产业链的形成和完善。从原材料供应、零部件制造到整机组装、测试验证，各个环节都将得到加强和发展。这将有助于提升我国航空器制造的整体水平，降低对进口航空器的依赖。

提升航空运输服务品质

低空经济通过引入无人机、电动垂直起降飞行器（eVTOL）等新型航空器，以及优化低空飞行服务保障体系，可以显著提升航空运输服务品质。

优化低空飞行服务保障体系：低空经济的发展需要完善的低空飞行服务保障体系作为支撑。通过加强空域管理、飞行计划申报和审批、气象服务等方面的建设，可以提高低空飞行的安全性和效率性。这将有助于提升航空运输服务品质，增强旅客的出行体验。

增强国际竞争力

低空经济通过拓展国际市场、加强国际合作与交流，可以提升我国民航业的国际竞争力。

拓展国际市场：低空经济中的无人机、eVTOL等新型航空器具有广泛的应用前景和市场需求。通过加强与国际市场的对接和合作，可以推动这些新型航空器走向世界舞台，提升我国民航业的国际影响力和市场份额，同时将"中国标准"带向世界。

加强国际合作与交流：低空经济的发展需要国际间的合作与交流。通过加强与国际先进国家在通用航空领域的合作与交流，可以引进先进技术与管理经验，提升我国低空经济的技术水平和市场竞争力。同时，积极参与国际标准制定和国际组织活动，可以提升我国在国际低空经济领域的话语权和影响力。

传统民航产业国际标准以欧美国家建立为主。依托于中国制造业水平的持续进步，低空经济相关产业可以在新的细分市场推进中国的标准进入全球、成为国际性标准，这将有助于持续夯实我国制造业在全球的话语权。

提升航空安全管理水平

低空经济通过引入智能化、协同化、绿色化的无人驾驶航空器，以及优化低空飞行服务保障体系，可以提升航空安全管理水平。

加强智能化监管：低空经济对无人机、eVTOL等航空器需要有更加智能化、协同化等特点的空中监管系统，可以通过大数据、云计算等技术手段实现实时监控和预警。这将有助于及时发现和处理潜在的安全隐患，提升航空安全管理水平。

优化低空飞行服务保障体系：低空经济的发展需要完善的低空飞行服

务保障体系作为支撑。通过加强空域管理、飞行计划申报和审批、气象服务等方面的建设，可以提高低空飞行的安全性和效率性。这将有助于减少航空安全事故的发生，保障旅客的生命财产安全。

加强航空人才培养与储备

低空经济通过引入新型航空器和技术手段，以及优化人才培养体系，可以加强航空人才培养与储备。

培养专业人才：低空经济的发展需要大量专业人才作为支撑。通过加强相关专业的教育培训，鼓励高校与职业院校开设相关课程，可以培养高素质的专业人才。这些人才将具备先进的航空器制造、低空飞行服务保障等方面的知识和技能，为低空经济的发展提供有力的人才保障。

优化人才培养体系：低空经济的发展需要优化人才培养体系。通过建立产学研用相结合的人才培养模式，可以推动航空器制造、低空飞行服务保障等领域的技术创新和产业升级。同时，加强与国际先进国家在人才培养方面的合作与交流，可以引进先进的教育理念和方法，提升我国航空人才培养的整体水平。

推动航空基础设施建设

低空经济通过引入无人机、eVTOL等新型航空器，以及优化低空飞行服务保障体系，可以推动航空基础设施建设。

建设通用机场和临时起降点：低空经济中的无人机、eVTOL等新型航空器需要通用机场和临时起降点作为支撑。通过加强通用机场和临时起降点的建设和运营，可以满足新型航空器的起降需求，提高低空飞行的便捷性和效率性。

加强航空运输与综合交通运输体系的衔接

低空经济通过引入无人机、eVTOL等新型航空器，以及优化低空飞行服务保障体系，可以加强航空运输与综合交通运输体系的衔接。

促进多式联运：低空经济中的无人机、eVTOL等新型航空器可以与公路、铁路等其他交通运输方式实现无缝对接和协同运作。这将有助于形成多式联运的交通网络体系，提高旅客和货物的运输效率和服务水平。

加强信息共享：低空经济的发展需要完善的信息共享机制作为支撑。通过加强与其他交通运输方式的信息共享和协同运作，可以提高低空飞行的安全性和效率性。这将有助于提升航空运输服务品质，增强旅客的出行体验。

推动航空运输服务创新

低空经济通过引入无人机、eVTOL等新型航空器和技术手段，可以推动航空运输服务创新。

创新服务模式：低空经济中的无人机、eVTOL等新型航空器可以为旅客提供更加便捷、高效的运输服务。例如，无人机可以用于快递物流、空中游览等领域，eVTOL则可以用于短途客运、应急救援等领域。这将有助于丰富航空运输服务模式，满足旅客多样化的出行需求。

加强技术应用：低空经济中的无人机、eVTOL等新型航空器具有智能化、协同化等特点，可以通过大数据、云计算等技术手段实现实时监控和预警。这将有助于提升航空运输服务品质，增强旅客的出行体验。

推动航空运输业绿色发展

低空经济通过引入无人机、eVTOL等新型航空器和技术手段，以及优化低空飞行服务保障体系，可以推动航空运输可持续发展。

促进绿色发展：低空经济中的无人机、eVTOL等新型航空器通常采用电力驱动、氢动力乃至更科幻的离子推进系统，可以实现低碳排放的效能。通过加强绿色技术的应用和推广，推动航空运输向更加环保、低碳的方向发展。

最后，感谢我一路走来陪伴过我的同学、老师、同事、朋友、领导。

感谢一直支持我、鞭策我的家人！希望通过该书，让读者更多地了解低空产业、低空经济，让更多的人参与低空经济，助力低空经济发展，为祖国民航事业贡献每一位参与者的力量。最后还是想喊出那句话：

民航强国！